博望
BROADEN VIEW

丝绸之路人文考察手记

第一辑

吐鲁番考古记

陈星灿 主编

黄文弼 著

甘肃人民出版社
甘肃·兰州

图书在版编目（CIP）数据

吐鲁番考古记 / 黄文弼著. -- 兰州：甘肃人民出版社，2024.3

（博望书系·丝绸之路人文考察手记 / 陈星灿主编. 第一辑）

ISBN 978-7-226-06007-0

Ⅰ.①吐… Ⅱ.①黄… Ⅲ.①吐鲁番地区－考古调查 Ⅳ.①K872.45

中国国家版本馆CIP数据核字（2023）第204831号

项目策划：原彦平
责任编辑：袁　尚
装帧设计：马吉庆

吐鲁番考古记
TULUFAN KAOGU JI

陈星灿　主编　黄文弼　著

甘肃人民出版社出版发行

（730030　兰州市读者大道568号）

广西昭泰子隆彩印有限责任公司印刷

开本 889毫米×1240毫米　1/32　印张 7.25　插页 4　字数 165千
2024年3月第1版　2024年3月第1次印刷
印数：1~2 000
ISBN 978-7-226-06007-0　　定价：62.00元

凡　例

一、原书为繁体直排，本书改为简体横排。

二、尊重作者的行文风格及时代语言习惯，均不按现行标准和习惯改动。

三、书中涉及的专名（人名、地名、术语）和译名等均保留原貌。

四、书中所引文献有简称的，遵照原书，不作改动。

五、原书篇末注改为脚注，格式保留原貌。

六、原书中凡作者笔误、数据计算、拼写错误等，本书予以改正。

七、为方便读者阅读和查找，本书对原书的图版进行了位置调整，图版不作为单独篇章排列，而是随对应的正文呈现。

内容提要

本书材料，系根据前西北科学考查团在新疆吐鲁番所搜集的古代文物编辑而成。内容论文，有考察经过及遗物说明两部分，附有精致的图版。关于考察经过，叙述一九二八及一九三〇年两次在吐鲁番工作经过，除一九三〇年所发掘的墓葬已有专书论及外，本书则就在吐鲁番所调查者，如古城、古址、废寺庙等，作一较全面的叙述，墓葬亦简略论及，并附有路线图及古城图作参考，备读者对于吐鲁番古代文化遗存得一完整的认识。其次关于遗物说明，大部分为唐人所写残纸。一为汉文典籍及佛典题记残片，如《毛诗》《尚书》《孝经》《文选序》、佛书音义，及《维摩诘经注》《首楞严三昧经并题记》等，每件均与原书校对，知现行刻本颇有错落。其次为文书，多为第七世纪后半期及第八世纪唐人统治西州时期的遗物，如缴纳地租、户籍、军屯、诉讼牒状等，是研究西州时代政治经济的良好资料。亦尽可能加以诠释和考订。尤其《麴斌造寺碑》及《张怀寂墓志》拓本，为不可多得的西域史料，作者曾审校原石，亲自墨拓，现又参考旧拓，详细校雠。另有一部分古维吾尔文写本及印本、拓本，皆是在九世纪后半期回鹘人迁入西州以后所写，内有关于宗教典籍或文书者，可供研究维族历史的学者参考，特附印于后。其次为艺术品，有绘画及泥塑，绘画除唐绢画外，余为纸本及佛教壁画，类多残缺，然于当地宗教艺术，亦可窥见一斑。下篇为图版。释文均附见于遗物说明中，可以互相参考。

序　言

　　我在一九五二年夏《高昌砖集》增订本出版后，即开始编写《吐鲁番盆地考古报告》。我在吐鲁番考察，前后凡二次。第一次，在一九二八年春天：因赴库车考察，路经吐鲁番，逗留二十余日，仅勘查周围遗址，搜集若干资料，未作发掘工作。第二次，于一九三〇年赴罗布淖尔考察前，在此地雅尔湖工作月余，系以墓葬为重点，同时亦采集若干遗物。在雅尔湖墓葬中所掘获之墓志同陶器，已出版为《高昌陶集》及《高昌砖集》增订本，所余第一、二次所搜集之资料，如唐人写本残纸、壁画及零星什物等等，百余件，均未整理出版。解放后，在科学院考古所领导之下，开始作有关的整理研究工作，但系以全部考察路线作重心，为编写报告准备条件。至于有计划研究编写《吐鲁番考古记》，实自今年二月起至今年七月底止，共计六个月。编写体例，是将全书分二部分：一为文字，二为图版。关于文字方面又分二小部分：一、吐鲁番考察经过；二、遗物说明。关于图版方面，除已作有遗物说明者外，并附录古维吾尔文写本、印本、拓本于后。先就遗物之说明着手，分有文字与无文字两类，逐件加以校释与说明，目的在阐明其内容，及其与历史之关系，于六月底即已大部完成。考察经过，是就旧稿加以修改，亦于七月上旬改完。古维吾尔文稿件，尚待翻译研究，兹先将此史料编号印出，以供专家之研究。此项工作，至七月底止，大致按计划完成。在编写过程中，亦遭遇若干困难。一、此次在吐鲁番工作，除雅尔湖墓葬曾作发掘外，其他各地遗址，仅属调查性质，均未作大规模发掘。所搜集之残纸，或购自本地农民，或由友人赠送，均系本地农民犁地偶然发现，并无科学记录及真确地层坑位等记载。故欲研究遗物之并存关系及地下状况，颇感困难。二、所搜集之残纸，多半破碎不全。其原因有二：（1）在回鹘人入新后，因本地乏纸，唐人写经及古文书残纸，常被裁截写回鹘文书，或作别用。（2）古物出土后，本地农民不知其价值，遂遭割裂粘补，致失原形。因此，对于研究遗物之内容与性质，增加若干困难。三、此残纸大多为六朝或唐代写本，别体字甚多，间有草书，加以残缺，欲认识其内容颇为艰苦。以上三者，属于文字方面。其次绘画方面，除伏羲女娲神像图，稍完具外，其他如壁画，因外人之盗窃，缺头去尾，破碎不全，欲据此以推求其内容，亦属不易。但此项资料，均出于新疆吐鲁番，为研究西域史确实可据之直接史料，故亦尽吾等能力之所及，略加整理与诠释，以介绍于读者，俾作参考。第一，典籍方面，所有汉文经籍残片，取以与现行刻本对校异同，知现行刻本颇有错误脱落，因而知流传西域之写本如《毛诗》《孝经》等，虽属断残，但多为唐人手迹，弥可珍贵。若六朝及唐佛经写本，如《维摩诘经注》以校现行刻本知所删削者甚多。其次文书方面，虽属残片，要皆为唐朝统治西州时期之史料，亦就其可知者，略加诠释和考订。尤其是石刻拓片，如《麹斌造寺碑》，为研究高昌国历史极有价值之参考资料。西域石刻，最为难得，流传于内地者更少，因此细加雠校，影写付印。其次无文字部分，皆属于艺术品之类，除绢画外，大部分皆残缺不全之壁画，但由此亦可窥见当时佛教艺术之遗迹。其次本书所附之古维吾尔文，大部分系我在吐鲁番所搜集，或拓自石刻，一部分为袁复礼先生在迪化搜购，要多为宗教典籍或古代文书，为研究回鹘历史文化之重要资料。亦原样影印附录于后，以供专家参考。本编以短时间编写付印，可能记录、说明仍有错误。尚希读者赐教，以便修正。

又本工作之进行，均在院方、所方领导之下，多方督促指导。编写完后，又经本所编辑委员会诸先生，特别是徐炳昶先生、向达先生、范文澜先生、陈梦家先生、苏秉琦先生，予以指正错误，特此敬致谢忱。又本工作除编写方面由文弼执笔外，凡器物整理照相及录写，由张寅先生担任，绘画工作由郭义孚先生担任，并此致谢。

黄文弼
一九五三年八月

再版序言

本书于一九五四年四月出版后，当时因印刷不多，未久即销售无存。而国内外读者仍索求是书不已。为了适应各方需要，科学出版社计划再版。我乘此机会，将全书作一次修正。当此书初版时，为了完成计划，编写十分仓卒，因此有些文件缺乏释文，有些解释错误，对于读者多感不便。今当再版之时均尽吾人能力所及，未释者予以补释，误释者加以更正。除个别字句错讹及误释者随文改正外，其有较长释文或校勘，则汇录为一卷附于编后。又在校正本书期间，也尽量容纳了读者及友人对本书所提意见。例如夏鼐先生关于吐鲁番出土的波斯萨珊朝银币，作了新鉴定，钟凤年先生提出未释或误释的文字若干条，俱极精审，对于本书再版的改善，帮助很大。谨在此致谢。当然我们不能说即此就完美无缺，必然还有许多错误，望读者随时指教为感。

其次我在吐鲁番工作所获得材料有两次，第一次是在一九二八年，即本书所发表者，第二次是一九三〇年，曾在吐鲁番雅尔湖发掘古冢百余，发现墓志百余方，陶器八百余件，一九三三年编印了《高昌陶集》，一九三一年编印了《高昌砖集》初版，一九五四年增订再版。现此二书亦早已无存,但各方读者仍迫切需要,为了使读者明了我们在吐鲁番工作全貌起见,拟将此二书合并重编,继续出版。

是为序。

黄文弼

一九五七年五月再版序

目 录

一、吐鲁番考察经过

第一次工作经过　3

（一）高昌城之沿革　4

（二）高昌古城之现状　5

（三）高昌古城附近之情形　7

    1. 胜金口　7

    2. 柏则克里克　8

    3. 葡萄沟及以西古迹　10

第二次工作经过　11

    1. 雅尔湖古城　11

    2. 雅尔湖古坟　13

    3. 吐鲁番南部古遗址之考察　14

    4. 哈拉和卓古坟院之勘查及赴鲁克沁途中　17

插图 1　哈拉和卓古城全景　20

插图 2　哈拉和卓古城内之可汗堡　20

插图 3　雅尔湖古城之一角　21

插图 4　雅尔湖古城大庙后之工作　21

插图 5　鲁克沁北使力克普沟口之废塔　22

插图 6　使力克普沟中之造像残石　22

附图一　吐鲁番考察路线图　23

附图二　雅尔湖古城图　24

附图三　让布工商古城图　25

二、遗物说明一：古籍写本及题记（附印本、拓本）

（一）《毛诗·简兮》校记（附摹文并补）　26

（二）《尚书·大禹谟》校记（附摹文并补）　31

（三）《孝经·三才章》校记（附摹文并补）　32

（四）《孝经·□宗明义章》校记（附摹文）　34

（五）佛书《善见律》音义校记（附摹文并补）　36

（六）佛书音义校记（附摹文）　36

（七）《文选序》校记（附摹文并补）　38

（八）阴阳杂书校记（附摹文）　40

（九）《佛说首楞严三昧经》及题记　40

（一〇）《维摩诘所说经注·方便品第二》　45

（一一）比丘尼僧写《涅槃经》题记　48

（一二）为开元皇帝祈福文残片　50

（一三）观音奴别译文题识　50

（一四）汉文佛经印本　53

（一五）《金刚般若波罗蜜经》拓本　60

三、遗物说明二：古文书写本（附钱币及碑志拓本）

（一）白雀元年物品清单　62

（二）□露二年残牒（背面写龙屈仁浮逃户籍）　64

（三）安末奴等纳驼状　67

（四）西州征物残牒　69

（五）开元十三年征物残牒　72

（六）张元璋残牒　73

（七）府司阿梁状词并批　75

（八）高昌县征夫残状　75

（九）虞候司及法曹司请料纸牒　78

（一〇）天山县申车坊新生犊残牒　84

（一一）伊吾军屯田残籍　87

　　　　附：朝请大夫守伊州刺史残纸　89

（一二）追捉逃番兵残牒　91

（一三）唐西州浮逃户残籍　91

（一四）状上括浮逃使残状　100

（一五）山府麴才□残状　101

（一六）山府分配地子残牒　101

（一七）张奉先残碟　102

（一八）张孝威等残牒　103

（一九）女妇才子还麦残牒　104

（二〇）胡玄□残状（背面写县司宜新却还租地状）　105

（二一）杨真宝奴残状（两面写）　108

（二二）屠行哈三批示　109

（二三）丁丑社条章残纸　109

（二四）至元三年文书残片　113

　　　附：古钱币　115

（二五）开元通宝铜钱　115

（二六）波斯银钱　115

（二七）高昌吉利铜钱　116

（二八）至元通行宝钞　118

　　　附：石刻拓片　121

（二九）宁朔将军麹斌造寺碑校记（附摹文）　121

（三〇）张怀寂墓志铭校记（附摹文）　127

四、遗物说明三：绘画及泥塑

（一）绢画伏羲女娲神像图说　134

（二）绢画佛教故事残片　138

（三）纸本素描图案残片　138

（四）壁画千佛坐像残片　142

（五）壁画比丘像头部残片　142

（六）壁画立像残片　146

（七）壁画佛教故事残片　146

（八）壁画佛教故事残片　146

（九）壁画佛塔残片　150

（一〇）藻井图案残片　151

（一）壁画边饰残片　152
（二）唐俑立像残件　153

附录　古维吾尔文说明　155
再版校记　203

图版目录

一、古籍写本及题记（附印本、拓本）

图版一　图1　《毛诗·简兮》　28

图版一　图2　《尚书·大禹谟》　31

图版二　图3　《孝经·三才章》　33

图版二　图4　《孝经·开宗明义章》
　　　　　　　（两面写，正面写状上括浮逃使残状）　35

图版三　图5　佛书《善见律》音义　37

图版三　图6　佛书音义　38

图版四　图7　《文选序》　39

图版五　图8　阴阳杂书（两面写）　41

图版六—七　图9　《佛说首楞严三昧经》及题记　42—43

图版八—九　图10　《维摩诘所说经注·方便品第二》
　　　　　　　（正面写，背面写古维吾尔文历书）　46—47

图版一〇　图11　比丘尼僧写《涅槃经》题记　49

图版一一　图12　为开元皇帝祈福文　51

图版一一　图 13　观音奴别译文题识
　　　　　　（两面写，正面写汉文佛经，背面写古维文） 52
图版一二——三　图 14—16　汉文佛经印本　54、56
图版一四——六　图 17—19　汉文佛经印本（背面写古维文）57—59
图版一七　图 20　《金刚般若波罗蜜经》拓本　61

二、古文书写本（附钱币及碑志拓本）

图版一八　图 21—22　白雀元年物品清单　63
图版一九　图 23　□露二年残牒（背面写龙屈仁浮逃户籍）　65
图版二○　图 24　安未奴等纳驼状　68
图版二一——二二　图 25—26　西州征物残牒　70—71
图版二三　图 27　开元十三年征物残牒　72
图版二三——二四　图 28—29　张元璋残牒　73—74
图版二五　图 30　府司阿梁状词并批　76
图版二六　图 31　高昌县征夫残状　77
图版二七——三○　图 32　虞候司及法曹司请料纸牒　79—82
图版三一——三二　图 33　天山县申车坊新生犊残牒　85—86
图版三三　图 34　伊吾军屯田残籍　88
图版三四　图 35　朝请大夫守伊州刺史残纸　89
图版三五　图 36　追捉逃番兵残牒　92
图版三六——四一　图 37—43　唐西州浮逃户残籍　93—98
图版四二　图 44　山府分配地子残牒　101
图版四二　图 45　张奉先残牒　102
图版四三　图 46　张孝威等残牒　103

图版四四　图 47　女妇才子还麦残牒　104

图版四五—四六　图 48—49　胡玄□残状
　　　　　　（背面写县司宜新却还租地状）　106—107

图版四六　图 50　兵曹残状（两面写）　107

图版四七—四八　图 51　杨真宝奴残状（两面写）　110—111

图版四九　图 52　屠行哈三批示　112

图版五〇　图 53　丁丑社条章残纸　113

图版五一　图 54　至元三年文书残片　114

图版五二　图 55—57　古钱币　图 55　开元通宝铜钱
　　　　　图 56　波斯银钱　图 57　高昌吉利铜钱　117

图版五三　图 58　至元通行宝钞　119

图版五四—五七　图 59　宁朔将军麴斌造寺碑新旧拓本　122—125

图版五八　图 60　张怀寂墓志铭拓本　128

三、绘画及泥塑

图版五九　图 61　绢画伏羲女娲神像图　135

图版六〇　图 62　绢画佛教故事残片　139

图版六一—六二　图 63—65　纸本素描图案残片　140—141

图版六三—六四　图 66—67　壁画千佛坐像残片　143—144

图版六五　图 68　壁画比丘像头部残片　145

图版六六　图 69　壁画立像残片　147

图版六七　图 70　壁画佛教故事残片　148

图版六八　图 71　壁画佛教故事残片　149

图版六九　图 72　壁画佛塔残片　150

图版七〇　图 73　藻井图案残片　151

图版七一　图 74　壁画边饰残片　152

图版七二　图 75—77　唐俑立像残件　图 75 泥塑武士俑

　　　　　图 76—77 木型女俑　154

附录：古维吾尔文写本、印本、拓本及壁画题字

图版七三——〇五　图 78—95　古维吾尔文写本　158—190

图版一〇六——〇九　图 96—98　古维吾尔文印本　191—194

图版一一〇——一一　图 99—100　古维吾尔文拓本　195—196

图版一一二——一七　图 101—110　古维吾尔文壁画题字　197—202

一、吐鲁番考察经过

吐鲁番盆地,在天山区东部,周围有高山环绕。北为博格达山,主峰高达五四〇〇米。南为库鲁克山,平均高度亦达一二〇〇米左右。中间形成东西斜长之低地,亦称为盆地。沿库鲁克山北麓,出现一断槽,即艾丁湖及其周围之盐壳区域,最低处海拔为负二八三米。在天山南麓又隆起一低脊丘陵,东起连木沁,西至雅尔湖,延袤三百余里,屏峙于吐鲁番东北两面。山石由砂砾岩所组成,形成红色,故本地居民称为"克子尔塔格",义即"红山"也。在红山各断层中,泉水涌出,积流成溪,下流灌地。但因盆地北对高山,南面断槽,高低悬殊,因此气候干燥、夏季温度极高,蒸发强烈,雨滴不及下降即消失。又因盆地处于内陆中心,距海岸线过远,周围又有高山阻隔,从海洋吹来饱含水分之空气已渐微弱,不易侵入,故形成雨水稀薄现象。农民凿井穿渠,以资灌溉。正因有泉水及井渠水之供给,土地变为肥沃,一年再熟,出产甚丰。沿盆地周围,如鲁克沁、辟展、吐鲁番、托克逊,均为居民聚住之区。树木荫翳,禾稼茂盛,为新疆南八城中富庶区域之一。历来各民族,均视此地为天赋之乐土,建国称王于此者,不知凡几。

其次论及其位置。吐鲁番在新疆东部,南与罗布淖尔洼地对直,东接河西走廊,为自古以来,东西交通线上之南北两据点。自汉武首开西域道,东西人士之移徙,商贾之往来,必经吐鲁番,或罗布淖尔,通过塔里木盆地,而至西域各国。当时来往率由二道:一曰南道,经楼兰,即由罗布淖尔,沿昆仑山北麓往西,过葱岭,而至印度、大月氏。二曰北道,则经吐鲁番,即由车师,沿天山南麓往西过葱岭而至大宛、康居、安息。历汉至唐,其情不殊。自宋以后,南道闭塞,而北道仍不失为中西交通枢纽,吐鲁番为交通线上活动之中心,至于今不变。由于吐鲁番位置之特殊,反映其政治和文化之多方面的发展。在历史上无论汉人、匈奴人、突厥人、西藏人、回鹘人、蒙古人,挟其政治或军事力量西进,而印度人、大月氏人、康居人、安息人、罗马人或土耳其人,拥其宗教或宗教艺术东来,莫不以吐鲁番为焦点,而留其残迹。加以吐鲁番气候干燥,腐蚀不易,最适宜于保存地下文物。又因其地理环境之特殊,境内重要地点如鲁克沁、哈拉和卓、雅尔湖等地区,自古以来即为吐鲁番人民活动中心区,其遗址至今岿然犹存,未尝受风沙之摧毁与淹埋,如楼兰、尼雅之变易其形势也。因此吐鲁番不特为研究我民族历史之重要地点,亦且为研究亚洲历史可珍贵之宝库矣。吾等此次到新疆考察,以南疆为目的地,而以吐鲁番为考察重点之一者,其故在此。但清朝以至国民党统治时期,帝国主义者常派遣其文化特务,藉游历为名,公开盗走中国大批文物,吐鲁番正是受害最巨之一地。吾人来此已晚,仅能捃拾其剩余之一部分而已。兹将考察经过简述如下:

第一次工作经过

一九二八年我等行抵新疆最东之一城市哈密时，值旧历春节，遂在此度岁。徐炳昶、丁道衡诸先生等一行已先赴迪化，我与袁复礼、刘衍淮诸先生等，为最后赴迪化者。二月十二日首途北上，经头堡、三堡，至吐鲁番。由哈密至吐鲁番原有两路：一由哈密西南行，经四堡、五堡、十三间房沿沙漠边沿，西至吐鲁番，为南路。唐时玄奘由伊吾涉南碛至高昌，即由此道。一由哈密往西北，过七角井，如北逾天山，即可达到天山北路之古城子。由七角井折西南行，经东、西盐池，至吐鲁番为小南路。南路沙碛多风，春夏旅行不宜。我等乃取小南路西北行，经柳树泉、三道岭、瞭墩、一碗泉入山，经车毂轳泉至七角井，转西南行，过东、西盐池，至土墩子，车行二百七十里之石碛，甚为艰苦。又三十余里至七克腾木。又一站至鄯善县，亦名辟展。住一日。城中七圣庙内悬有一木匾，浮雕"神灵感应"四字，传出自哈拉和卓旧城，本地人送县悬之。次日至连木沁。行旅大车由大路行，我与袁、刘二先生骑行，穿连木沁沟，傍红山南麓，至吐峪沟，一览晋唐佛教遗址。复穿吐峪沟，依红山北麓，至胜金口。次日全吐鲁番。在此一带，东起连木沁，西至桃儿沟，有一座低脊山脉，居民称为"克子尔塔格"，计长三百六十余里。山谷间泉水涌出成溪，下流灌地。如连木沁之水下流灌鲁克沁，吐峪沟之水下流灌洋赫，木头沟、胜金口之水下流灌二堡、三堡，葡萄沟之水下流灌吐鲁番、洋沙、沙河子，桃儿沟之水下流灌玉林宫，雅尔湖之水下流灌野木什及让布工商。因此，自连木沁至野木什，凡有水之地，居民稠密，自成聚落。在此一带山脉中，每一溪涧均有佛教遗址，依岩凿洞，金碧辉煌，为古时居民礼拜之所，尤以吐峪沟、胜金口为最著。外国文化特务闻风而来，大量盗掘，出现古物如经卷、木牍、塑像之类，捆载而去，不可胜数。我等来此已晚，且急需赴省城，未及详细勘察。

我等在吐鲁番休息两日后，即赴迪化，时三月八日也。在迪化停留四十余日，筹商分途考察事。我任新疆南路考古工作，筹备一切。四月十九日，同龚元忠、亚生、蓝福狗等一行共四人，出发南行。经柴俄堡、达坂城、白杨河、根特克，五日而至吐鲁番。在柴俄堡海子边，有土墩及古坟遗址。曾在古坟中掘出陶器数件（见《高昌陶集》六一页，插图二九），但因急赴吐鲁番，未及详细工作。

吐鲁番有两大古城：一为在现吐鲁番城西二十里之雅尔湖旧城，一为在吐鲁番城东南五十里之哈拉和卓旧城。我等抵此后，一方面筹备赴库车途中之所需，一方面访探古迹。四月二十六日清晨，我同亚生游览雅尔湖旧城。城在两河之中洲，形同扁叶，有二甚深之河床绕城而过，古称为交河，故此城古亦以交河为名，现称为雅尔和图。河中已干涸，惟泉水尚旺，下流灌野木什地。居民亦多。城中颓垣败壁，满布平野，洵为可工作之地。但因时间关系，拟留待下次来工作。在吐鲁番稍休息后，于五月三日复同龚元忠、亚生等向哈拉和卓出发，作高昌城之探查。（参考附图一，《吐鲁番考察路线图》）

（一）高昌城之沿革

在哈拉和卓之古城遗址，本地居民往往有不同的名称，或称为伊底库特赛里，或称为达克阿奴斯城。后者出于吐峪沟中麻扎之传说。据云："在回教来新前，有罗马国六人来此访道，其中一人为达克阿奴斯初建此城，死即葬于吐峪沟中，立为麻扎，连同一狗，称为七位眠者。"现在仍为本地人朝拜之所。但达克阿奴斯来此建城之真确年代，尚无史料可征。我国古代记载，则称为高昌。高昌之名始见于前、后《汉书·西域传》。《前汉书》称车师后王姑句"即驰突出高昌壁"。《后汉书》云："自伊吾北通车师前部高昌壁千二百里，自高昌壁北通后部金满城五百里"。（《列传》七十八）《北史·西域传》云："高昌者，车师前王庭之故地。……或云昔汉武帝遣兵西讨，师旅顿弊，其中尤困者因住焉。地势高敞，人庶昌盛，因名高昌。亦云其地有汉时高昌垒，故以为国号"。是此城称高昌远在二千年前，由晋至魏常设太守以统之，虽累经变革，其名未改。至麹氏王高昌时，且以为国号，传世百四十年（公元五〇〇—六四〇年）。唐灭高昌，以其地为西州，仍置高昌县；唐贞元中，始没入吐番。内属者百五十余年（公元六四〇—七九一年）。唐懿宗咸通七年（公元八六六年）北庭回鹘，进取西州，而西州遂属于回鹘。但此地仍称为高昌。据吐峪沟所发现之古维吾尔文石刻称："其国王布哈里葛亦都克，在高昌之克子尔重修庙宇。"（见本书附录《古维吾尔文石刻拓本》）是高昌自汉至元均未废弃。明初并入吐鲁番，城遂荒废矣。

（二）高昌古城之现状

高昌旧城在吐鲁番东南约六十里，邻近阿斯他拉（亦名二堡）及哈拉和卓（亦名三堡）两村落。两村落南部，有一片颓败城墙及土堆，乃古之高昌城旧址。周围约十里，大部尚完整。居民依城凿室而居，多在北城，因此北墙有若干裂口，为居民出入城内之径路。城墙周围甚不整齐，以东墙为甚。城墙建筑，有用土筑者，有用土坯堆砌者，又有用黑沙泥筑者。高昌自汉至元，历经一千五百余年，政权之更替，民族之变迁，于城墙之建筑术及其形式，均有影响。城墙之不规则或突出，或洼入，其原因亦由于此。大城之内，另有一子城，西、南两面，尚可见城墙遗迹；北面亦可见一段；东面全缺。居民云"大城中有九个子城"，现可见者仅此，或历代添筑修补，致现出多种形式，并非真有九个子城也。城中多半已开垦为耕地。城中古建筑，由于农人挖取墙土作肥料，亦大半逐渐消失。现在保存之大宗建筑物，多在子城内西北区，居民称为学堂，多为古代庙宇建筑，作穹窿形，用土坯砌成，再加涂泥粉及彩画。（格图 D，见 A. Grünwedel：*Bericht über archäologische Arbeiten in Idikutschari und umgebung im Winter* 1902—1903 附图 2，下同）。在此东南接近中心处另有一较古老建筑，颇宏伟，墙壁皆用红泥土筑，每版约二尺见方，居民称为"汗土拉"，或称为"可汗堡"（插图 2）。据云："曾在此处发现有五铢钱及烧砖"。我等在此处稍作发掘，但未有所获。德国考察队在可汗堡东南（格图 M，见同上）角，掘取红沙石石刻一方，即北凉《沮渠安周造寺功德碑》。王树枏《新疆访古录》考订为沮渠氏承平三年，即宋元嘉二十二年（公元四四五年），时沮渠安周称王高昌，建筑寺宇，则此一带或即沮渠氏时代之遗址。在可汗堡之南，勒柯克曾发现摩尼教壁画，及古维吾尔文经典。居民亦称在此处发现古维吾尔文字甚多，是子城之南部，或为回鹘人入新后之政治中心区。城之东南部均为低地，现已辟为田园，或为当时子城之城隍。故疑自汉迄唐之政治中心，可能均在子城之中心偏西北地区也。

(三) 高昌古城附近之情形

我等于五日在城中考察完毕，次日复游览城之周围。东城有河流绕于旁，此水即由胜金口水南流，以灌二堡、三堡之地者。河之东岸为一大平原，有路东至吐峪沟，东南至鲁克沁。在路南城之附郭处，有寺庙遗址数处，并有穿窿式大坟，由北而南骈列成行，本地人称为共巴子。再东则为柏什柯布克，俟下节述之。东北西北均为戈壁，直至胜金口。在此戈壁滩上，古坟甚多，皆撮土为坟，外围土垣，与雅尔湖略同。唯西北区坟后均起建筑，现虽倾圮，然尚存其遗迹。张怀寂墓亦在西北区，墓中曾发现一石碑，为《张怀寂墓志铭》，泥塑及残余经纸亦多。石碑现藏乌鲁木齐博物馆（详见《遗物说明》二图版五八，图60）。东及东南皆为田园。在城西里许，有一废庙遗址颇高大，墙壁间尚可见壁画残迹。北为居民聚集之所，骈列为市，间有维族坟墓及礼拜堂。旧时遗址已多不可见矣。

我等游览既毕，乃开始考察高昌周围之佛教遗址。首胜金口。五月六日下午全队沿胜金口水溯流而上。沿途树木密茂，泉水淙淙，居民络绎不绝。随河流之曲折，蜿蜒于三堡与胜金口间之大戈壁滩上，古坟棋布，直抵胜金口。坟后塔庙已半倾圮。约行十五里至胜金口，居一店中。

1. 胜金口

此为突厥语与汉语合名。突厥语"口"为"额格子"，胜金额格子，即胜金口之义也，为克子尔塔格各山口之一。有胜金水流于其间，下流灌二堡、三堡之田。山前为胜金口，山北为胜金堡。大道由连木沁至吐鲁番，沿克子尔塔格之背，由胜金堡南行而至胜金口,再转西行至吐鲁番。我等初来时,行李车即取道于此。我与袁复礼、刘衍淮初沿山南麓至吐峪沟,复转行山背大道,此次则由三堡北来也。在胜金水之东岸,山腰有庙基一,墙壁遗址尚存。转北山腰有佛洞二,山麓又有废庙一,佛洞一,洞中壁画间有存者。复沿溪行,在沟东岸,山上山下,废庙及洞室络绎不绝。我在东北山腰洞中检拾残壁画二块:一方墨绘菊花瓣,一方墨绘梅花。又在沟东南废庙内,拾婆罗谜文字数块。又购得写古维吾尔文字壁画数方(图版附录112—117)。皆本地人由废庙中拾取者,文字颇明晰,但不识其意耳。

2. 柏则克里克

在胜金口游览毕后,即向柏则克里克出发。胜金水,由山中南流至口时,木头沟水自西来会。故吾人欲至木头沟,亦须沿沟水涉涧曲行,依傍岩壁,至胜金水入口处。再攀登右岸之山腰,绕行于绝壁中之羊肠小道,转至山后,豁然开朗,展布一宽阔平原。木头沟水经流于沙原之下,岸高十余米,随水流为曲折,成马蹄状之湾岸。柏则克里克之优胜佛洞,皆位于湾岸之中层。故不到河岸不知此间有美丽如画之建筑也。"柏则克里克"为突厥语,有装饰绘画之义。盖选择此地为可隔绝尘寰,独身修炼之地。我等住于洞北五里木头沟村庄一阿訇家中。柏则克里克之佛洞皆在沟西半壁间,依岩凿洞,鳞次栉比。由北而南,计洞十八。第一、二、三、四、五洞皆已倾圮,壁画无存。第六洞,为一穹窿式之庙宇建筑,顶绘菩提像,旁题汉字,为"菩萨摩诃萨";下为方形,绘画已残毁,皆难辨识,唯面貌似为黑色耳。第七洞,前为厅堂,堂后墙两旁开二小门弄,直入后室。后室为桶状式,长九〇〇厘米。两旁门弄,北弄长六五〇厘米，宽一一〇厘米，南弄长七三〇厘米，宽一二〇厘米，高约一五〇厘米。前面厅堂作四方形，宽长均为七四〇厘米，藻井绘花朵状之图案，类宝相花开放之形（参考图版七〇，图73）。两壁绘佛像及楼阁，均已残缺。第八洞宽四三〇厘米，深九八〇厘米，高四一〇厘米，四壁亦绘有佛像，多已残毁。本书中所载残壁画数件，即出此洞中（图69—71、73）。第九洞，宽三八〇厘米，深七三〇厘米，高约四〇〇厘米，顶绘佛坐像四尊，两壁绘佛立像六尊，后壁一尊，均已残毁。第十洞有厅堂，方形，后壁两旁为弄门，直通后室。后室作桶状式，与第七洞形式相同。南弄门深八一〇厘米，北弄门深八二〇厘米，宽各一三〇厘米，均绘千佛坐像，但绘画不精。第十一洞，深七七〇厘米，宽三一〇厘米，高约五〇〇厘米，顶绘千佛坐像，两壁绘佛立像七尊，均已残毁。第十二洞无画。第十三洞，深九八〇厘米，宽二二〇厘米，高约三〇〇厘米，顶绘千佛坐像，两壁绘佛立像七尊。第十四洞，深一四一〇厘米，宽三七〇厘米，高约四〇〇厘米，顶绘千佛坐像，两壁绘佛立像十六尊，现均涂泥。第十五洞，深一二一〇厘米，宽四一〇厘米，高约三〇〇厘米，顶绘千佛坐像，两壁绘佛立像十二尊，残，涂泥。第十六洞，深一八四〇厘米，宽四二〇厘米，高约四〇〇厘米，后层为套房，无画，南壁书古维吾尔文字；旁有一套房，门墙破裂，墙壁里有一复墙，书有古维吾尔文字。是外墙为后人所重建，藉以保护里墙也。外墙上之古维吾尔文字为墨书，红绿双钩，颇为美观。一为红线双钩轮廓，而以绿色填之。第十七洞，宽一八〇厘米，高二二〇厘米，深二五〇厘米，后层为套房，无画，中储黄米渣甚多，疑为旧时之仓库。以上各洞皆东向。第十八洞，宽三五五厘米,深六一五厘米,高约四〇〇厘米,顶绘千佛像,已涂泥。两壁绘佛像六尊,均已残缺,东北向。上述第七、九、十一、十八各洞,皆有残毁痕迹,显系被人有意铲除者。后查德人勒柯克所刊布之《高昌》称:"在第四、第九两洞壁画铲取甚多,而第九洞几全部铲取。"(Lecoq: chots cho,附图21)当时未携带勒柯克原书对勘,不知彼所盗取者属于我所记何洞。但此被毁之洞中,必有为勒柯克所盗取者也。一幅完整之壁画,既经破坏,则他人若欲研究壁画在洞中之整个情形,及洞中各部分之关系,已不可能。又彼用暴力铲取,残存部分,因之遭受损伤者亦多。因此知帝国主义者对中国文化之破坏活动,无所不至也。

3. 葡萄沟及以西古迹

五月九日清晨,龚元忠因病先归。我同哈得尔带队沿红山之背,经行戈壁往西。时当春季,气候早暖,吾人挥汗如雨,而天山高峰,白雪皑皑,耸立云霄,反映出分外美丽。四十里至葡萄沟,水流颇大,来源自雪山,下流灌沙河子、雅尔巴什等地。居民千余户,沿沟边而居,树木茂密,凉爽宜人。每至夏天四方之人来此游憩者甚众。地产葡萄,甘甜味美,甲于他地,故地以葡萄为名。下午游览葡萄沟之佛洞,复返店中。次日复西行,越过冈峦戈壁,约五里许,至西傍,有倾圮古庙遗址二三,据引导者云:"日本人曾在此掘出许多写经残纸。"又过二沙梁,有一干沟,西岸有佛洞二所,壁画已毁。山上有古庙基一所,沟东有古址二所,均无可取。复西行,越二山梁,约三里许,至塔提剌布拉克,有寺庙遗址十余所,或依岩凿洞,或建立山腰,洞中壁画多已毁败,而壁画旁之古维吾尔文题词,尚隐约可见。复西行,至桃儿沟,憩息一回民家中，复循大道返吐鲁番，时为五月十日也。自五月三日出发，至此已八日矣。虽未作大规模之发掘，然零星搜集，已满陈四大木箱。此第一次在吐鲁番考察之经过也。

第二次工作经过

吐鲁番第二次工作，以吐鲁番城西雅尔湖为中心，采获亦多。其详细情形，已见拙著《高昌陶集》《高昌砖集》。兹为明了工作轮廓起见，再总述如下。

1. 雅尔湖古城

当我等于一九二九年冬返迪化后，本拟东归。适闻罗布淖尔水复故道之消息，拟往勘察。又吐鲁番虽前后数次经过，但均未做详细工作，亦有补充之必要。乃于一九三〇年二月十九日，复领队南行。二十四日抵雅尔湖住次。此次工作，雅尔湖古城亦为目的地之一也。休息二日，二十七日开始工作。

古城在雅尔湖村庄之西，位于两道甚深之河床中间，遗址满布平野，作椭圆形。居民称此城为雅尔和图，"雅尔"为突厥语"崖岸"之义，"和图"为蒙古语"城"，合译为"崖城"。此二河床，在古时本为两河，环流古城之两旁，至城之南端而合，故古名交河。现分四沟：头、二道沟发源于约干特勒克塔格，西南流四十里，经行戈壁，分为二道：一南流为头道沟，一西南流为二道沟，约三十里至古城之东北隅而合，流于城东。三道沟起自戈壁，南流十余里，绕于城西，至城之南端与二道沟合。四道沟亦出自戈壁，绕古坟群西，沿土子诺克塔格东麓南流，至雅尔沟口与三道沟合流出口。头、二道沟出自天山，但雪水久已不至，现均为泉水，出古城北五六里地，流于河床中间。两岸多已开垦为耕地，居民散布其中，树木庇荫，亦沟中之胜景也。（参考附图二，《雅尔湖古城图》）

雅尔湖古城，汉名为交河城，见《前汉书·车师传》。麹氏王高昌时为交河郡。唐灭高昌置西州，始改为交河县。唐末，回鹘人西迁交河，此地又属于回鹘。至元末，分设柳城、火州、吐鲁番三部万户府达鲁花赤，而交河遂并入吐鲁番，此城遂废。今则颓垣满野，为农民垦殖之沃土矣。次日偕同本地居民审视城中建筑，由其颓垣之分布、建筑之不同，及城中各地出现之遗物观察之，显有时代先后之差异。据居民云："此城原为三城，有城门三座，南为伊犁河人所筑，中为汉人所筑，北为蒙古人所筑。"但高大庙宇均在中部。谛审此城建筑方式，多不一致，故建筑时代，或有先后。以庙基建筑术论之，北段墙基由约二尺宽之四方形土块叠垒而成，下为方形地室，上覆苇草，类似羊户居室。吾人曾在此附近掘拾古维吾尔文写本残纸，则城北部为回鹘人所居，殊有可能（参考附图二，《雅尔湖古城图A》）。至中部庙宇之建筑，上为庙宇，下为洞室，庙墙为长方形土坯所砌，下洞依岩凿成，四周陶片作粉红色，面覆白沫一层。以各地陶片例之，凡类此者多为唐代遗物。又居民曾在此一带拾有唐开元、乾元诸钱，则此地为唐代遗址，或为可信（参考附图二，《雅尔湖古城图B》）。或即唐西州交河县故治，亦有可能。南部未工作，但在土台上曾拾有红底黑花陶片（参考《高昌陶集》图版二；本书附图二，《雅尔湖古城图C》），我在《高昌陶集》中，曾推论为纪元前后之遗物。故疑此区原为车师王前庭治所，麹氏王高昌时之交河郡城，亦因之。后渐向北推移耳。又南部建筑，虽亦为上宇下洞，依岩为室，而上部之墙为黑沙泥土砖所砌，则或为后人添筑，非其原形。但此不过就城中各时期活动之中心而言，实则此城自纪元前一世纪，至纪元十四世纪初期，皆有居民活动其间也。

当考察古城时，曾派人发掘北部大庙后之古房址（插图4，《大庙后之工作》），发现古维吾尔文写本残纸甚多（图版八一——八六），又发现佛书音义残片（图版三，图6），则为唐人手笔。

2. 雅尔湖古坟

甲、沟北

二月二十八日傍晚，我队"掘手"汗木多利自古城工作地回来，报告本地一居民在沟北古墓中掘出一陶器，红底黑花（《高昌陶集》，一版一图），审其形制色彩，类似甘肃沙井子出土之陶器，且可与城中之彩色陶片相互证。遂购留之。二十九日留一部分工人仍清理北部大庙后之古房址，另派六人发掘沟北古坟区，冀能获得有彩色之陶器。在古城北里许有低脊沙梁一道，隆起于戈壁滩中。沿沙梁两旁，井穴鳞比，作长方形，皆为死者埋葬之所，其尸骨已多被搅乱。但其殉葬物品，则置于身傍，或头部及足部，以陶器为最多。其状或为圆底，或作桶状，皆傍具一柄，用红泥由手抟法作成。亦有骨器、铜器之类。如在沟北第一冢之死者腰间拾铜环一件，在第三冢拾石斧一件，石斧置死者腰际，而陶器置死者头部。右边第七冢，发现骨矢镞一件，以木为杆，置于死者左侧。使我最感兴趣者为第八冢。死者陈于复穴之上，在其身两旁，发现骨签两副，计四支，为一骨之剖为两半者，剖面尚刻有四方格纹，在副端有半圆形之缺口，显为系绳索皮带之用。身之两侧各陈一副（《陶集》附第二、第三图）。但此两冢中，均未发现陶器，由其墓室构造及殉葬遗物观之，与其他各冢，显有差异，可能为另一习俗也。

乙、沟西

二月三十日正清理古城北部回鹘人住宅，并发掘沟北古坟时，二引导者导我探视四周古迹，在三道沟西四道沟东，有一狭长大平原。北枕山冈，南抵土子诺克塔格沟口，宽约二里，长六七里，古坟累累，隆起高阜，或方或圆，绵延以抵于沟口。因发现此大批古冢，遂决定开始发掘工作。初用十人，分为两组，每组五人，工作一冢，日可得两冢，后加至三十人，分五组，日可得十冢。自三月一日起工，至十七日止工，中间休息两日，整半月之久。共得古物三十五箱，计墓表百二十余方，陶器数百件，皆此十余日之收获也（详《高昌陶集》发掘报告）。

丙、沟南

先是在沟西之东里许，当四道沟与三道沟水合流出口处，当土子诺克塔格之北麓，有高原隆起于三道沟与四道沟之间，古冢累累如棋布。工人建议试往工作，因又继续作沟南坟茔，以与沟西古坟作一比较。由沟西坟茔东行，山势陂陀，虽间散布一二古坟，但已与维族新冢相杂厕。前行里许即至其地。两旁临甚深之崖岸，居民均住于沟中，依岩作室，泉水东南流，树木荫翳，野木什人往迪化者咸取道于此。于三月十七日开始工作，以十八人从事，三日之中，得陶器八十余件，墓表二方（详见《高昌陶集》发掘报告）。收获虽丰，终为时间所限，即行停工。

3. 吐鲁番南部古遗址之考察

当在雅尔湖古坟群南部工作时，本地居民以阿亦普沁事相告，传说其城中神话。乃留汗木多利与小侯工作于沟西路南之古坟地，我与毛拉及引导者出发，寻觅阿亦普沁。三月八日午向东南出发，沿沟中行。居民均住沟中及岩之东岸，泉水甚旺。午后一时出沟口，转南行入戈壁。经野木什村庄，有居民约数十家，并有一小八札。复入戈壁往南，经大庄子住于锡兰木一维族家中。次晨，又西南行，至托克逊水，两岸泥淖，深没马蹄。西南行，至阿萨土拉，周二八五步，为土坯所砌；城墙高丈余，中无遗物可验。但其南有车行痕迹，在咸滩中，似有古道东西行者，则此土墩当为古时营堡。据居民云："毕占土拉、阿萨土拉，均有古道辙迹，现名北京邮路，为古时口内至新疆大道。"现由东至西，均有古时土墩，突厥语称为"土拉"，形成一线。阿萨土拉即其中之一也。过此，仍为盐壳覆盖区域，枯苇僵结，鳞积成波浪纹。下午二时，住于英尔野勒克羊厂。次晨即骑马觅古城。传说古城在山边，及至其地，则所谓阿亦普沁者，除白色如银之库鲁克山岩石外，不见有何古代遗迹。但推其误传之由，或因山麓前有土墩三，后有一道土沙梁，弯曲若城基，东南隅有黄沙梁若城中房屋，远望遂若城墙。故本地羊户说："远望为城，城门及城中房屋均见，近视则变了。"故取名曰"阿亦普沁"，谓"望之是，即之则非也"。在土梁上，细石甚多，略备五色，红、白、绿、蓝均有。复沿山麓东行，觅得古墓茔多处，并拾得红陶片，或为古时沿艾丁湖畔之居民所遗。三月十一日，由英尔野勒克东行，转北行，又经几处古坟群及"土拉"，在山麓咸滩中，发现卜柯洛克土拉。与毕占土拉、阿萨土拉，东西形成一线。卜柯洛克略偏南，在土拉南，有古道东西行，车迹宛然若新。土墩旁有古渠，东西环绕，墩后有塘，傍于渠侧，或为古时蓄水池（参考附图一，吐鲁番考察路线图）。距墩二三里许，均有古时田亩遗迹，中露平川一线，疑为古时至墩旁大道。除此外均为盐壳覆盖区域，高低不等，形同巨浪，与罗布淖尔古涸海岸之盐层大致相同，颇疑此处为古时屯田之所，虽无遗物之证验，但因土墩建筑之形式，似与屯戍有关也。当日下午，沿咸滩中羊户所行之山道至大墩子。当晚返雅尔湖住次。此在吐鲁番西南视察之情形也。

雅尔湖工作完后，三月二十日始将采集品二十六箱运至吐鲁番前西北科学考察团所设立之气象测候所存放。二十一日上午，向哈拉和卓一三堡首途。下午二时，全队离雅尔湖，绕道让布工商，考察古城。

初向南行；出土子诺克塔格沟口，转东南行；过摄提项村庄，转东行；沿让布工商渠东南行，渠水自雅尔湖沟中流出，以灌让布工商者，故以地名名渠。晚七时半至让布工商，住一维族家中。"让布工商"汉名"二工"，在西尚有头工，为清光绪中屯垦之地。头工置一百五十户，二工置一百二十户，后售与本地居民，故现为维族及回族所有。此地古址有二：一为汗土拉，距旧城五里许，屹立于戈壁上。城为黑沙泥土坯所砌，墙高丈余，周约二百步，城旁建筑之房屋，墙壁尚存。壁中掏空为圭形洞穴，以置被褥用具者，与当地现代住宅相同，盖为近代筑。据说："由此土拉至大墩子十里二十里不等，均有土拉，与此土拉东西成一斜线。"大墩子西北约五里许，有安集延时代之旧营垒，名哈拉玉尔滚，与此土拉或为一时所筑。考察既毕，转南行，至古城处。古城在让布工商村庄之东，地名卫忙坎尔仔。城墙已圮，唯东墙及西墙之一隅，尚有遗址，南北墙因农民挖取城土肥田，已无遗迹可验。城之南部均已开垦成耕地。北部间有低隆不平者数处，居民称为"学堂"，陶片甚多，在此检拾红底黑花彩陶片数块，其花纹与雅尔湖旧城中所出者相同。此城疑与交河高昌诸城为同一时期之遗迹（参考附图三，让布工商古城图）。又据本地居民云："在此城之西三十里许，有一旧城，名安集占不周洼，因有安集延人之麻札，故名。地名帕格布拉克，汉名头工，城墙已圮。但其城基遗迹，尚可看见。"惜因时间所限，未及前往。

4. 哈拉和卓古坟院之勘查及赴鲁克沁途中

当让布工商工作完毕后，次日由小侯、汗木多利带队直至哈拉和卓。我偕毛拉至吐鲁番购备什物。二十四日晚，返哈拉和卓，二十五日开始工作古城。数日辛苦，毫无所获。盖勒柯克在此穷力搜掘，盗窃已尽。三十日乃改作古坟。在哈拉和卓附近有古坟三区：一、在古城西北里许，其面积之大过于雅尔湖；著名之张怀寂墓亦在此区。二、在古城东北三里许，当往吐峪沟途中，古坟亦多，其状与西北区同。在此处掘取墓表两方，一为朱书题"河西王通事舍人张季宗之墓表夫人敦煌宋氏"，无年号及年月日。一为墨书"章和七年平远府禄事参军张归宗夫人索氏墓表"，均录入《高昌砖集》中。此一带坟院形式与雅尔湖同，每院有石线作栏，冢前亦立一石线，其族划区分，亦颇清晰。唯西北之坟区，与此略异，无坟院，无石栏，冢前不立石，每冢之周围有半月形之土埂，表示为冢墓之屏障。亦有在坟后起建筑者，现已倾圮而遗迹犹存。哈拉和卓旧城及雅尔湖旧城附近尝有类此之建筑物，其前均有坟墓，有时外表不隆起，故不能知其墓穴何在也。三、在二堡东南伯什柯布克，距旧城东五里许，四周均开垦为熟地，仅现南北行城墙一段。城东即古坟院。南北分布，绵延十余里。在此一带工作数日，仅发现零铜件。盖此一带地湿土疏，古物不易保存。因是离此地转往鲁克沁。

四月二日自阿斯他拉住次向东南行，经昨日工作之伯什柯布克，转至洋赫，有麻札，名额力汗麻札，相传与哈拉和卓旧城旁额力帕他麻札为兄弟。复东南行，入鄯善界，下午三时，至鲁克沁住次。次日往见回王，并游览旧城。鲁克沁东有一回城，为安集延时代所筑。但有一旧城，城墙一段，其建筑形式和方法，与哈拉和卓旧城同。疑即高昌时代之田地城，唐柳中县之遗址也。在鲁克沁使力克普沟口，塔木和塔什地方有一废塔（插图 5）颇高峻，四周有佛像遗迹，多已残毁，塔顶部作圆弄形，朱书"贞元七年"（公元七九一年）年号，知为唐代遗物。并题有"僧辩真画"等字，盖为内地僧侣过此之题记。由此入沟，沿沟北行八里许，至残石处。石为一方形石块，四周雕塑佛像，惜多残毁，上有一排圆孔，显为建筑之用，疑此残块系由山上庙中坠下者也（插图 6）。转西过沟，山上有古庙基遗址及刻石三块，一石上镌"囗男年安"四字。旁刻有"龙"字，下缺，疑为"朔"字，如所推不误，则此石刻为唐高宗龙朔间物也。时大风忽起，岩石下坠如雨，急驰归。四月五日，发自鲁克沁，向西南行，村舍络绎不绝。四里许，至伯什塔木村，居民均用坎井水，为吐鲁番坎井最富之区。转西南行，经草滩，为本地羊厂。又渡鲁克沁河，下午四时，至克齐克阿萨，有六角形建筑三座，中尚留存残壁画，已被烟熏黑矣。附近又有穹隆式之庙宇数处，悉为土坯所砌，疑为第九世纪以后之遗迹。外人曾在此盗取古维吾尔文、汉文、藏文残纸若干，是此庙在回鹘人迁入吐鲁番以后，尚继续为居民所崇拜。复由此向西南行，四里许，至穷阿萨，有城墙，墙高丈余，城中在当时显有多数之居民。中有一巨大之土阜，盖为当时大建筑之倾圮者。其房屋遗迹尚可考见，房屋重叠，类似一高塔，屹立于城中央。墙壁甚厚，中为一圆顶形，四周又有小圆顶屋围绕之，其窗扉正对围墙而罗列。建筑形式，颇类托克逊北部之遗址，或为当时官署所在地。在穷阿萨之后，尚有一围墙，基址范围甚大，东自克齐克阿萨一并包括在内，是此地与克齐克阿萨为同一时代之遗址。最可注意者，在穷阿萨之北，不及一里，有古道一，车迹犹存，本地居民呼为"北京邮路"，据说此道为从前内地通西域之古道。又云："沿大道均有古时土墩，形成一线。东自哈密，过十三间房至得格尔转西至穷阿萨、毕占土拉、阿萨土拉，与托克逊之屋威梯木相接。"毕占土拉以西之土墩及古道，上文已述及。得格尔亦有一古时土墩，此次亦曾查勘明白。据此，则此道或为汉唐以来通西域之大道。盖鲁克沁东为大沙漠区域，余已考证此砂碛，即唐之大沙海，宋之大患鬼魅碛。唐玄奘由伊吾涉行南碛，至高昌，王延德使高昌经行大患鬼魅碛，即此。虽穷阿萨在鲁克沁西南，为玄奘、王延德所不经，但彼等系到高昌，故西北行，若至焉耆，则直西行，唐称为银山道，郭孝恪攻焉耆者，曾取道于此。在此地勘查完后，乃转至得格尔，作罗布淖尔旅行之准备矣。

插图 1　哈拉和卓古城全景

插图 2　哈拉和卓古城内之可汗堡

一、吐鲁番考察经过　021

插图3　雅尔湖古城之一角

插图4　雅尔湖古城大庙后之工作

插图 5　鲁克沁北使力克普沟口之废塔

插图 6　使力克普沟中之造像残石

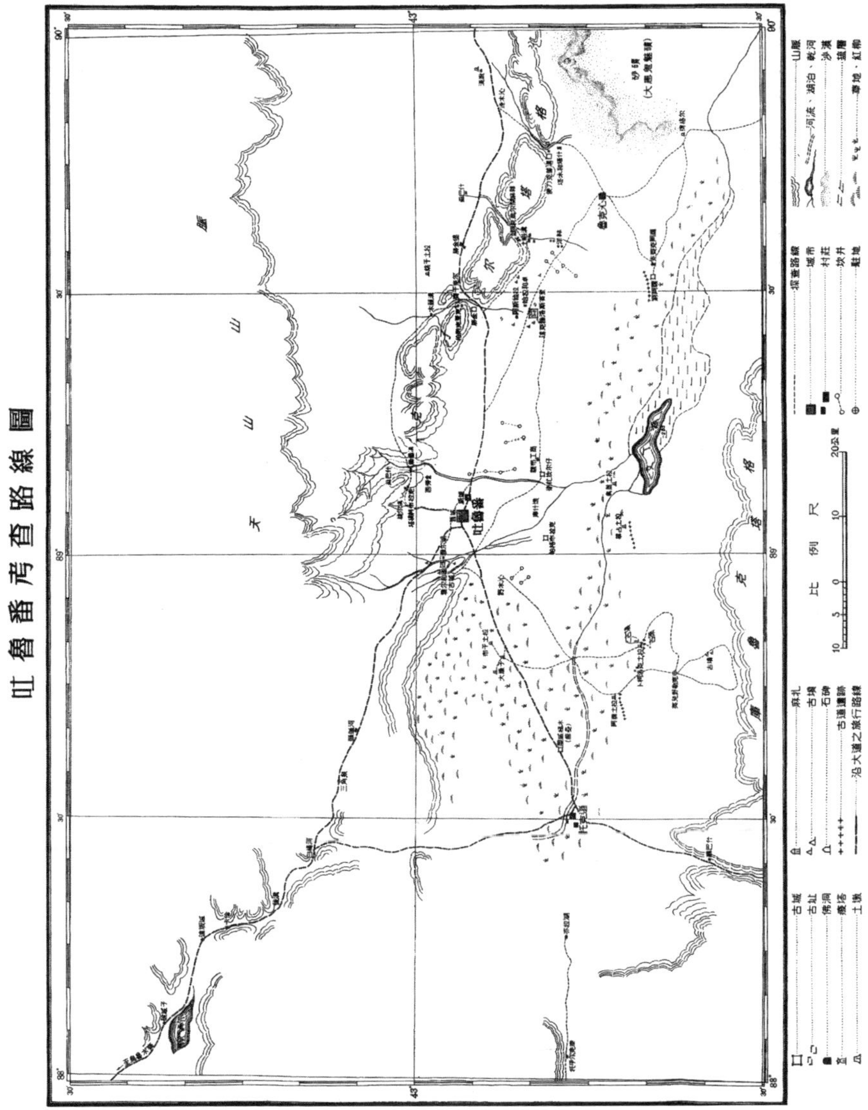

附图一　吐鲁番考察路线图

附图二　雅尔湖古城图

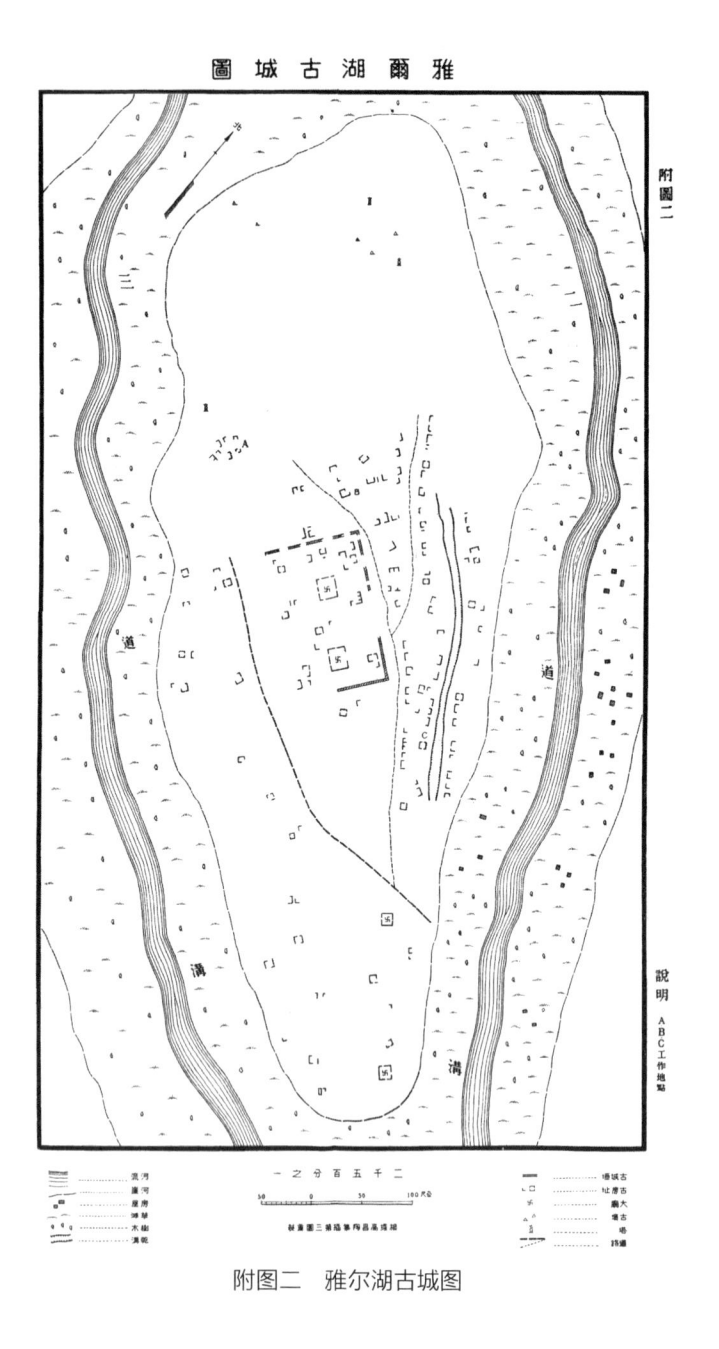

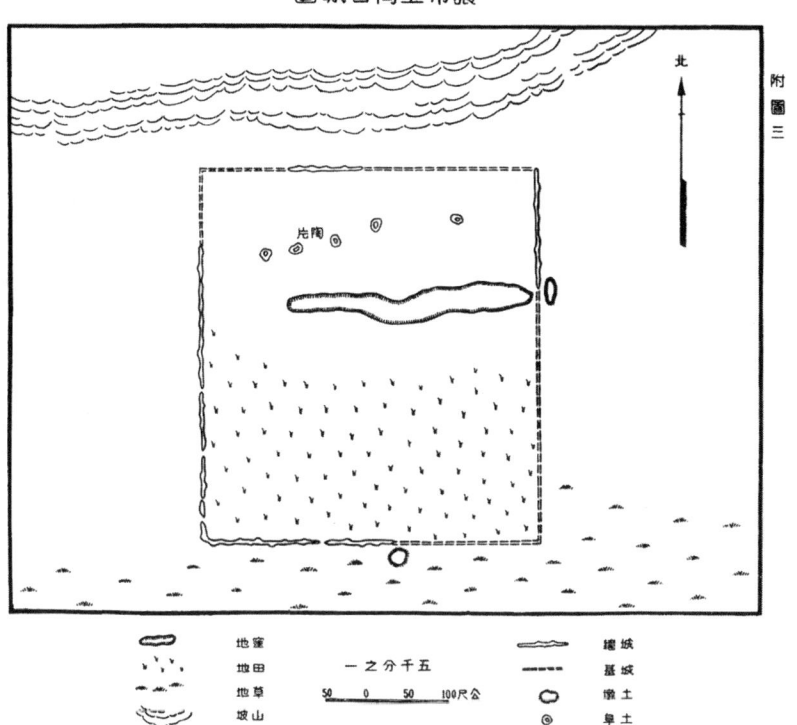

附图三　让布工商古城图

二、遗物说明一：古籍写本及题记（附印本、拓本）

（一）《毛诗·简兮》校记　图版一，图 1

此《毛诗·简兮》残纸，出新疆吐鲁番雅尔湖旧城中。一九三〇年四月考古吐鲁番时，在旧城中掘得。旧城在高昌麴氏建国时为交河郡，唐贞观间灭高昌，改为交河县。此纸当为唐人所写。现存《旄丘》四章"章四句"三字，及《简兮》三章下半段，同《泉水》章上半段。起"章四句"至"饯于祢"，共九行。中间字亦有残缺。现用阮元校刊《毛诗注疏》本填补残缺，写本有者，照写本摹写，写本缺者，照《注疏》本填补以便阅读，并画一曲线为记。又写本只有《毛传》同《郑笺》并无《正义》。现就写本中《毛传郑笺》，与《注疏》本文字有差异者校勘如后。

二行，《笺》云："简，择也。且，将也，且择人者为。"《注疏》本作"简择将且也，择兮择兮者，为且祭祀当万舞也"。语句构造不同，但大意无殊。

三行，《笺》云："板，以彼致教诸子，入学释菜合舞。"《注疏》本作："《周礼》：'大胥掌学士之版，以待致诸子，春入学舍采合舞。'"按写本"待"作"彼"，"致"下有"教"字，以彼致教诸子,言按板策所写,以教诸子也。《注疏》本作"待致诸子"。《正义》云:"大胥主此版籍以待,当召聚学舞者,卿大夫之诸子,则案此籍以召之。"据此,是孔颖达所用《郑笺》本"彼"亦作"待",与今本同,未知孰是。《毛诗》传入高昌,在北魏正光间(公元五二〇—五二四年),可能有传写之异。写本"入学释菜合舞",《注疏》本作"春入学舍采合舞"。按陆德明《经典释文》"版音板,舍音释,采音菜",《正义》亦云:"入学者必释菜以礼先师。"据此,是写本作"释菜"与《注疏》本音义同,而字不同。写本入学上落"春"字,当据《注疏》本补。

四行,《笺》云:"硕人有禦乱禦众之德,任为王臣。"《注疏》本"禦"均作"御","任"上有"可"字。按阮元《毛诗校勘记经解》本云:"《正义》云:'御治也,谓有侵伐之乱,武力可以治之。定本作御字。'如其所言非谓异本,当有误也,今无可考,意必求之,或定本御作禦。"(现南昌刻《十三经注疏》末附《校勘记》"作"误作"非")按现写本"御"正作"禦"。按"禦""御"二字同音,古通用。

五行,《笺》云:"又能秉籥。"《注疏》本作:"又能籥舞。"与写本有异。《注疏》本"籥舞"下为"言"字,写本"籥"下似为"如"字,疑《注疏》本下有脱文。

五行,《笺》云:"硕人容皃赫然、如厚渍之舟。"《注疏》本《笺》作:"硕人容色赫然,如厚傅丹。"按《正义》:"《终南》,《笺》云:'如厚渍之丹,言赤而泽。'是也。"与写本同。写本"丹"作"舟",乃唐人别体,当作"丹"。《注疏》本《笺》作"如厚傅丹"与《终南》《笺》不同,未知孰是。又"皃"《注

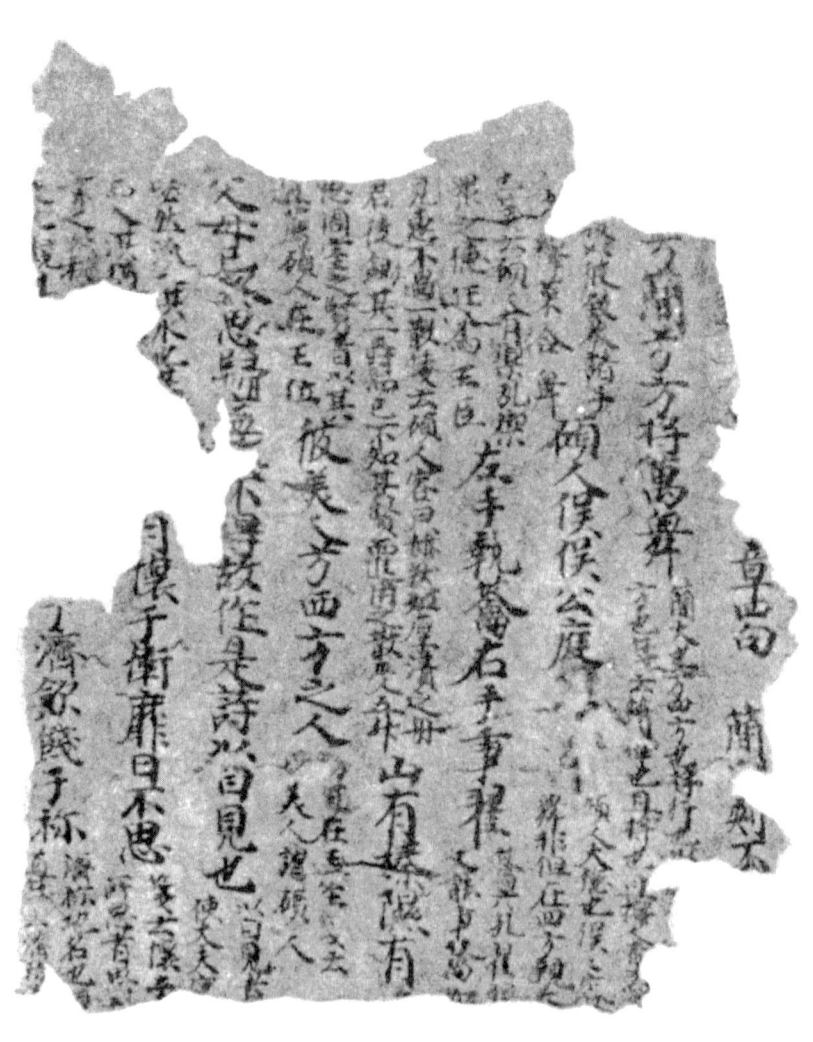

图版一 图 1 《毛诗·简兮》

《毛诗·简兮》摹文并补

疏》本作"色"。

五行，《笺》云："君徒锄其一爵而已。"《注疏》本"锄"作"赐"。

六行，《笺》云："以其宜荐硕人在王位。"《注疏》本"在"上有"与"字。

六行，《经》云："彼美人兮，西方之人。"按《注疏》本《经》文"之人"下有"兮"字。《郑笺》"美人谓硕人"。《注疏》本"硕人"下有"也"字。

七行，《传》云："父母已终，思归宁不得。"按《注疏》本"母"下无"已"字，"宁"下当是"而"字。

八行，《笺》云："淇，水也。"按《注疏》本"水"下有"名"字。

八行，《笺》云："所思者思。"按写本残缺，与《注疏》本不合。《注疏》本云："我无日不思也，所至念者，谓诸姬诸姑伯姊。"写本仅存"所思者思"四字，缺上下文，无法与《注疏》本对校。疑写本原文为"所思者思诸姬诸姑伯姊"。观思下"诸"字尚存一半可证。

九行，《经》云："□□于济，饮饯于祢。"按《注疏》本《经》文作："出宿于泲，饮饯于祢。"

九行，《传》云："济、祢，地名也。"按《注疏》本作："泲地名……祢，地名。"

九行，《笺》云："济、祢。"按《注疏》本作"泲祢者"，又写本笺上存"道"字，无"也祢地名"四字。以上三则，"济"《注疏》本均作"泲"。且《传》与《笺》词句亦不同。疑写本所用之《毛诗》另为一本，或传写之异。

(二)《尚书·大禹谟》校记 图版一，图2

图版一 图2 《尚书·大禹谟》

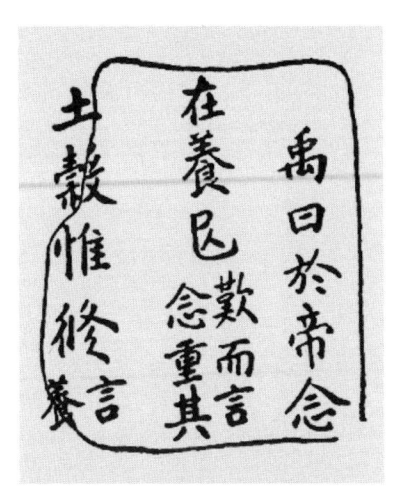

《尚书·大禹谟》摹文并补

此《尚书·大禹谟》残纸，出吐鲁番雅尔湖旧城中，存三行。起"禹曰"，讫"惟修"。以校现行《注疏》本"民"写本作"㞬"，与《隶古定尚书》写本同（见《敦煌石室遗书》）。犹是魏晋以来相传古本，未经唐天宝间卫包所窜改者。写本字虽不多，而书法甚优，似为唐人所写也。

（三）《孝经·三才章》校记　图版二，图3

此《孝经·三才章》残纸，出吐鲁番哈拉和卓旧城。居民乏纸，常用唐人写经残纸裱糊鞋样，因见此鞋样中有汉字，乃拆散之，得《孝经》残片，及其他各件，故其形状皆不规则。此写本残片现存七行，均不完全。起"而成"，讫"臣若"。本文有注，取与《经典释文》《音义》本相校，多与之同。《释文》用郑氏注本，则写本亦系采用郑注本。但《释文》引用郑注不全，今取日本宽政六年（公元一七九三年）所刻《郑注孝经》（《知不足斋丛书》本）并参考严可均所辑《群书治要》本《孝经》郑氏注校对，除用日本宽政本填补写本残缺以便阅读外，其有两本文字不同者，为之校勘如下。

二、遗物说明一：古籍写本及题记（附印本、拓本） 033

图版二 图 3 《孝经·三才章》

《孝经·三才章》摹文并补

一行，注云："政不烦荷。"按《释文》本、宽政本、严辑《治要》本，"荷"均作"苛"。

二行，注云："见因而地教化民亚之助。"《释文》本、宽政本、严辑治《要本》，均作"见因天地教化民之易也"。《注疏》本同，唯"民"作"人"，避唐讳改。《正义》曰："注见因至易也，此依郑注也。"写本"天"作"而"，"民"作"亚"，皆为武周新字，则此纸为武则天时所写。"易"作"助"，传写之讹也。又写本"助"下无"也"字，"之"上重一武周之"亚"字。

二行，《经》云："是以故先。"《注疏》本"是"下无"以"字。

三行，注云："先修亚事、流化于亚。"宽政本、严辑《治要》本，上"亚"字作"人"，下"亚"字作"民"。按作"人"者因避唐讳改，当作"民"，故写本均用武周新字作"亚"。又下文"上好礼则亚莫敢不敬"，"亚"亦是"民"字。

六行，"诗云"上有"而"字小注，宽政本、《治要》本均作："善者赏之，恶者罚之，民知禁不敢为非也。"均无"而"字。

七行，注云："大臣若。"《释文》作"若冢宰之属也，女当视民"。宽政本无此语，严可均辑本"若"上有"师尹"二字。"视民"下有小注云："《释文》语未竟。"现与唐写本校对，核其行款，不特"女当视民"下语意未完，"若冢宰"上郑氏尚有注释，写本存"大臣若"三字，"冢"今尚存半面。参合《释文》及严辑本所引，知"若冢宰"上为"师尹大臣"。再以行款字数计之，"师尹"上仍当有八字，唯不知作何语尔。

（四）《孝经·□宗明义章》校记 图版二，图4正、背

此残纸出哈拉和卓旧城中，用公文旧纸两面写，字甚潦草，盖

二、遗物说明一：古籍写本及题记（附印本、拓本） 035

图版二 图 4 《孝经·开宗明义章》（正面写状上括浮逃使残状）　图版二 图 4 《孝经·开宗明义章》（背面写）

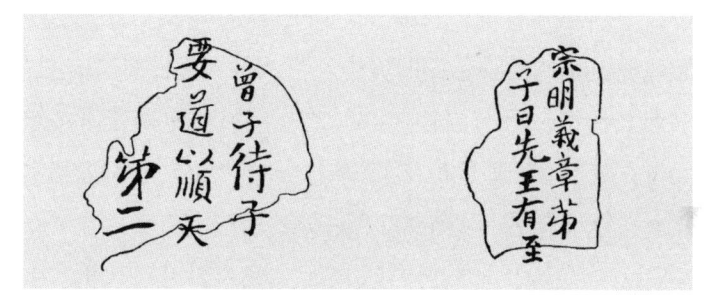

《孝经·□宗明义章》摹文

唐以后人取旧纸随意抄录《孝经》也。一面写"□宗明义章第""子曰先王有至"十一字。一面写"曾子待子""要道以顺天""第二"共十一字。按《开宗明义章》为《孝经》第一章，故宗上当是"开"字，"第"下当为"一"字。另一面现存"第二"二字，当为"章下第号"，严辑本作"天子章第二"，是"第二"上当有"天子章"三字。观此知写本《孝经》原有章第。但宽政本及《群书治要》本均无章名，《释文》本有章名，无第号。严可均辑《孝经》注云："据《天子章》注云：'书录之事，故证天子之章。

(《正义》)'是郑注见章名也。"(《咫进斋丛书》本《孝经郑注》一页)据此,是《孝经郑注》原有章名,宽政本及《群书治要》本删去章名耳。

(五)佛书《善见律》音义校记　图版三,图5

按此残纸出吐鲁番雅尔湖旧城中。存六行。末行"为"字存半面,起"说文",终"黄帝"。见玄应《一切经音义》卷十六《善见律》第八卷。取玄应《一切经音义》与写本残纸相校,大致相同。唯三行"贞"下、现行《音义》无"也"字,第八行"股"字上、现行本有"少昊生股"四字,今按行款写本当无。

(六)佛书音义校记　图版三,图6

此残纸出吐鲁番雅尔湖旧城中。存八行,起"弩",讫"公",未知书名及作者。因有"补卢沙""补卢衫"皆为梵语,知为佛书,取与玄应《瑜珈师地论音义》校对,多与之同。例如写本"补卢衫"上,存《音义》"所从士"三字;玄应《音义》作"补卢沙颔(都我反所从士)"。"补卢衫"下,《音义》存一"士"字;玄应作"所作士"。"补卢沙"下现存《音义》"此云士夫……丈夫"等字;玄应《音义》作"旧言富楼沙,此云士夫,或云丈夫体也"。皆与玄应《瑜珈师地论音义》同。又如"醒"写本存"思定反思……反醉曰醒";玄应作"思定、思冷二反,酒歇也。《通俗文》:醉除曰醒"(《一切经音义》卷二十二,一页)。是写本"反"上为"冷"字,"醉"下脱"除"字,但大致与玄应同,故可决定此残纸所写为《瑜珈师地论音义》。但玄应音释较详,所出字亦多,标题亦不尽同。例如写本"秅麩",玄应作"无秅"。注云:"又作麩,同痕入声……"写本"醒"玄应作"若醒",音释较详。而

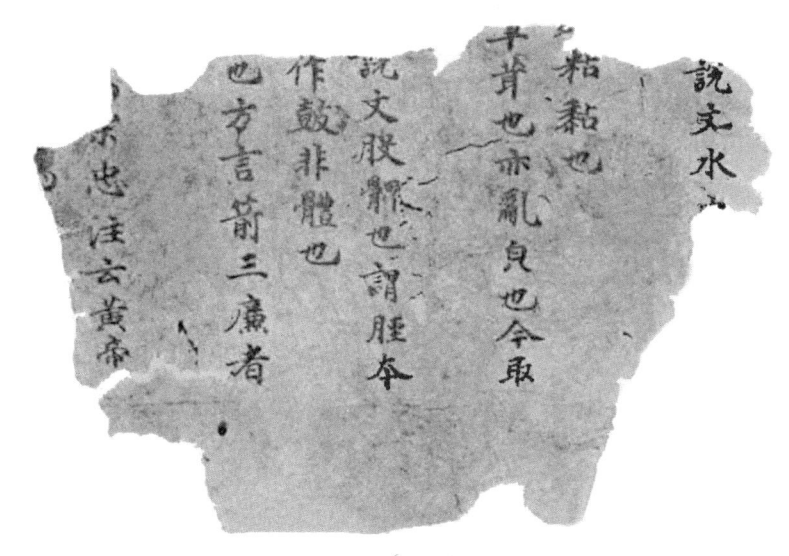

二、遗物说明一：古籍写本及题记（附印本、拓本） 037

图版三　图 5　佛书《善见律》音义

佛书《善见律》音义摹文并补

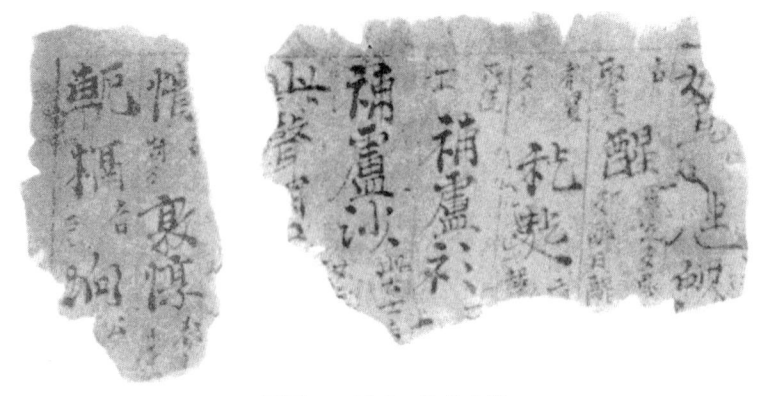

图版三　图6　佛书音义

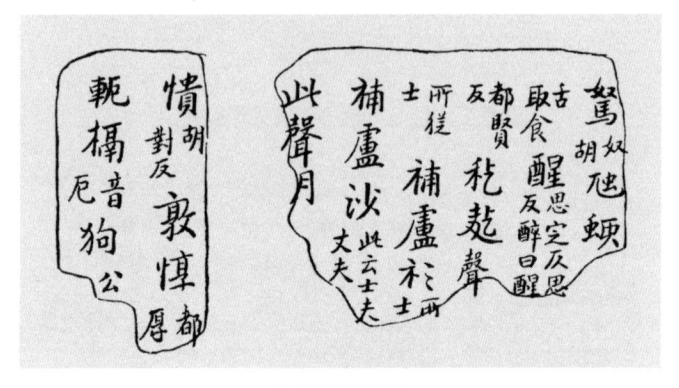

佛书音义摹文

"若醒""无秏""补卢衫""补卢沙"均不相衔结，中间所释字尚多，均不见写本。因疑此残纸非影写玄应原本，乃后人节录其书，便于讲解《瑜珈师地论》者也。

（七）《文选序》校记　图版四，图7

此梁昭明太子《文选序》残纸，系于一九二八年在吐鲁番考察时，友人马君所赠我者。据云出于三堡（即哈拉和卓）西北张怀寂墓中。盖为初唐所写。现存十七行，起"沙之"，至"以来"。首末

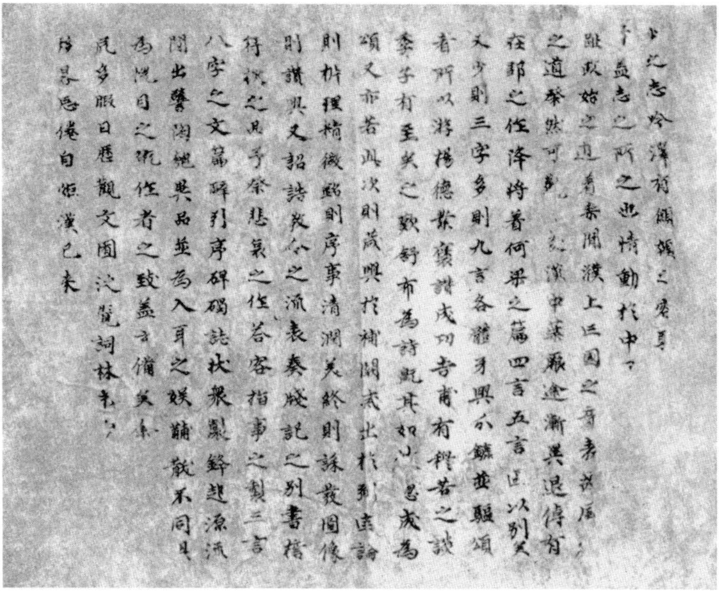

图版四　图 7　《文选序》

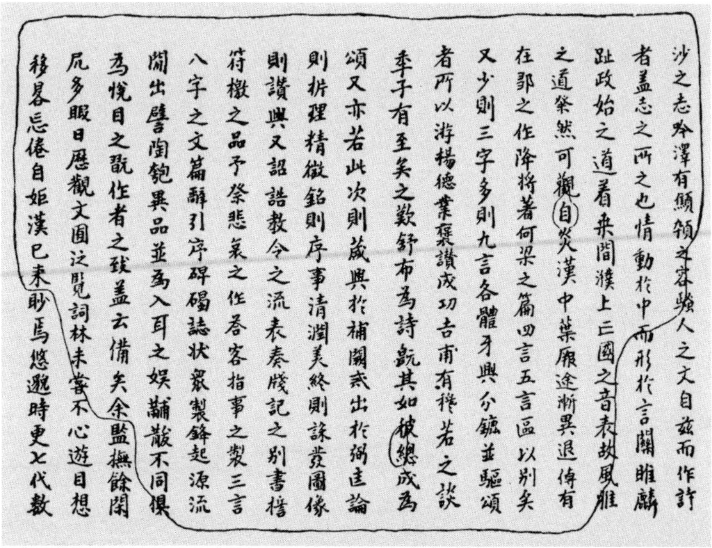

沙之志吟澤有顦顇之容騷人之文自茲而作詩
者蓋志之所之也情動於中而形於言關雎麟
趾政始之道著桑間濮上亡國之音表故風雅
之道粲然可觀自炎漢中葉厥途漸異退傅有
在鄒之作降將著河梁之篇四言五言區以別矣
又少則三字多則九言各體互興分鑣並驅頌
者所以游揚德業褒讚成功吉甫有穆若之談
季子有至矣之歎舒布為詩既其如彼總成為
頌又亦若此次則箴興於補闕戒出於弼匡論
則析理精微銘則序事清潤美終則誄發圖像
則讚興又詔誥教令之流表奏牋記之列書誓
符檄之品弔祭悲哀之作答客指事之製三言
八字之文篇辭引序碑碣誌狀衆製鋒起源流
間出譬陶匏異品並為入耳之娛黼黻不同俱
為悅目之翫作者之致蓋云備矣余監撫餘閑
居多暇日歷觀文囿泛覽詞林未嘗不心遊目想
移晷忘倦自姬漢已來眇焉悠邈時更七代數

《文选序》摹文并补

数行残，今据李善注本补。又以现行本与写本互校，文字大致相同。唯"憔悴"，写本作"顦顇"，"正始"作"政始"，"桑"作"桒"，"濮"作"濮"，"粲"作"粲"，"厥"作"厡"，"邹"作"鄒"，"互"作"㸦"，"箧"作"篋"，"戒"作"戒"，"析"作"枂"，"诔"作"誄"，"黼黻"作"黼黻"，"居"作"凥"，"以"作"已"，皆六朝以来通行别体字，并非误字。唯"降将著河梁之篇"，写本"河"误作"何"。"既言如彼"，写本作"既其如彼"。"表奏笺记之列"，写本"列"作"别"。"弔祭悲哀之作"，写本"弔"误作"予"。"譬陶匏异器"，写本"器"作"品"。以上诸则，或为误字，或字义可通，今悉录之，以备参考。

（八）阴阳杂书校记　图版五，图8

此残纸出吐鲁番雅尔湖旧城中，用旧公文纸两面写。正面起"人相"，讫"不可"。共七行。右边有朱印残迹，盖原在公文纸上所印者。背面为八行，起"在甲"，讫"命在"。文字有添改。正面所写，例如"太阴日生子，寿年九十"，太阳日生寿年一百廿，"生"下少一"子"字。尚未查出原书。疑为禄命书遗文。

背面所写有涂改添补之迹颇多。内云："绝命在西方，生气在南方，着赤衣，卧宜头向南着，大吉。……"亦未查出原书，疑为《宅经》遗文。论安床吉凶，所谓"绝命""生气""悬尸"皆阴阳家术语。隋唐时阴阳五行之说盛行，术士彼此传述，真伪掺杂，不能决定为何人所作也。

（九）《佛说首楞严三昧经》及题记　图版六—七，图9

此残纸，系一九三〇年春袁复礼先生在迪化时新疆鲍尔汉先生所赠送者。据云在吐鲁番出土，详细地址不明。高二七·八厘米，

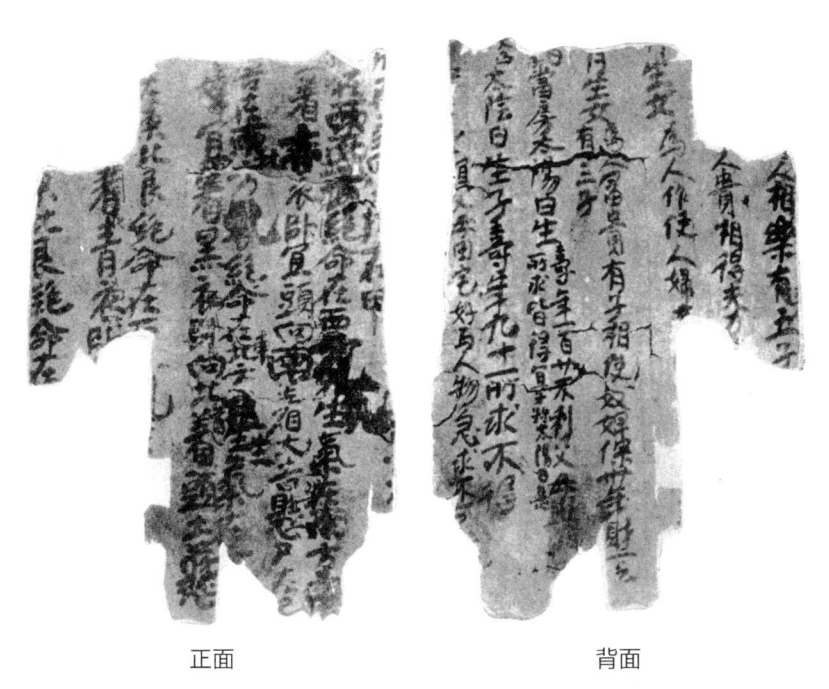

二、遗物说明一：古籍写本及题记（附印本、拓本） **041**

正面　　　　　　　　　　　　背面

图版五　图 8　阴阳杂书（两面写）

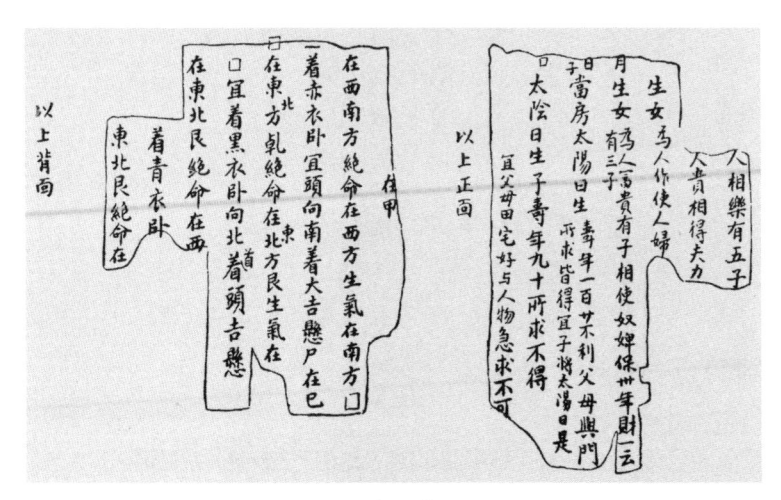

阴阳杂书摹文

图版六一七　图9　1.《佛说首楞严三昧经》及题记

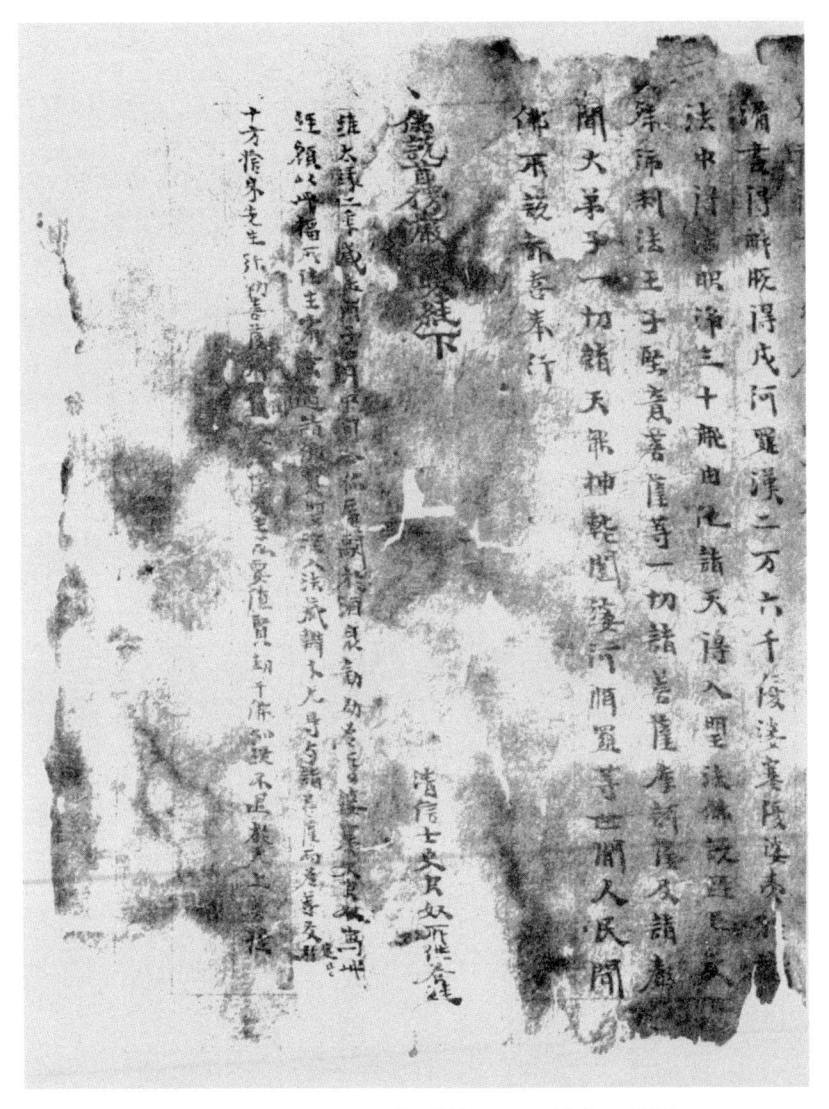

图版六一七　图9　2.《佛说首楞严三昧经》及题记

宽四二·五厘米。现存《三昧经》尾部，共十八行，行廿二字。尾标题"佛说首楞严三昧经下"，及"清信士史良奴所供养经"等字，末附题记。记云：

> 维太缘二季岁在丙子四月中旬令狐广嗣于酒泉劝助为优婆塞史良奴写此｜经頋以此福所往生处常遇诸佛贤堲深入法藏辩丈无导与诸菩萨而为善友游（葚是）｜十方舍身先生弥勒菩萨前（亦闻）　设法悟无生忍要值贤劫千佛心然不退于无上菩提｜

据题记，此经为令狐广嗣代优婆塞史良奴所写供养。首称太缘二年，下称岁在丙子，按北魏太武帝太延二年，岁在丙子，袁复礼先生以"太缘"即"太延"之音误，未知是否。审其书体，与所见六朝写本佛经略同，如"愿"作"頋"，"处"作"处"，"圣"作"堲"，"才"作"丈"，"无"作"无"，"碍"作"导"，皆六朝通行之别体字也。故此经及题记当为六朝人所写。

附校记：又按此经残卷现存十八行，即经之最后部分。起"议修治诸波罗"，讫"欢喜奉行"。尾标题"佛说首楞严三昧经下"。《三昧经》共上、中、下三卷，此纸既云经下，故知是经之最后部分也。今取与现行本校对，大致相同。但亦稍有出入，今校勘如下：

五行，"于十方劫懃心修行"，现刻本"十"作"千"，"懃"作"勤"。

七行，"何况受持读诵"，现刻本"何况"下有"闻已"二字。

九行，"应当修集行是三昧"，现刻本"集"作"习"。

十三行，"方八千比𠫓丘𠫓尼、不受诸法"，现刻本作"比丘比丘尼"。

十四行，"故漏尽得解脱，得成阿罗汉"，现刻本"尽"下无"得"字，"得"下无"成"字。

十五行，"得入㘚法"，现刻本"㘚"作"圣"，"法"作"位"。

十八行，"闻佛所说、欢喜奉行"，现刻本"奉行"作"信受"。

（一〇）《维摩诘所说经注·方便品第二》 图版八一九，图10

此残卷出吐鲁番，亦为新疆鲍尔汉先生所赠送者。现存三十五行，起"中尊"，讫"速朽之法"。本文下有鸠摩罗什及僧肇注文。凡鸠摩罗什注者，称罗什曰。僧肇注者，称释僧肇曰。今取与现刻僧肇注本校对，知现刻本注与写本略有异同，且多删节。今就残写本中与现刻本删节者，撮录于下：

七行，"若在大臣、大臣中尊，教以正法"。注云："释僧肇曰：正法泸正法也，教以正泸国，以道佐时也。"

八行，"若在王子、王子中尊，示（以）忠孝"。注云："释僧肇曰：所承处重，宜以忠孝为先之也。"

十行，"若在内官、内官中尊，化正宫女"。注云："释僧肇曰：妖媚耶饰女人之情，故诲以正直。"

十六行，"若在梵天，梵天中尊，诲以胜慧"。注云："释僧肇曰：梵天□□□福不求出世胜慧也。"

十八行，"若在帝释，帝释中尊，示现无常"。注云："释僧

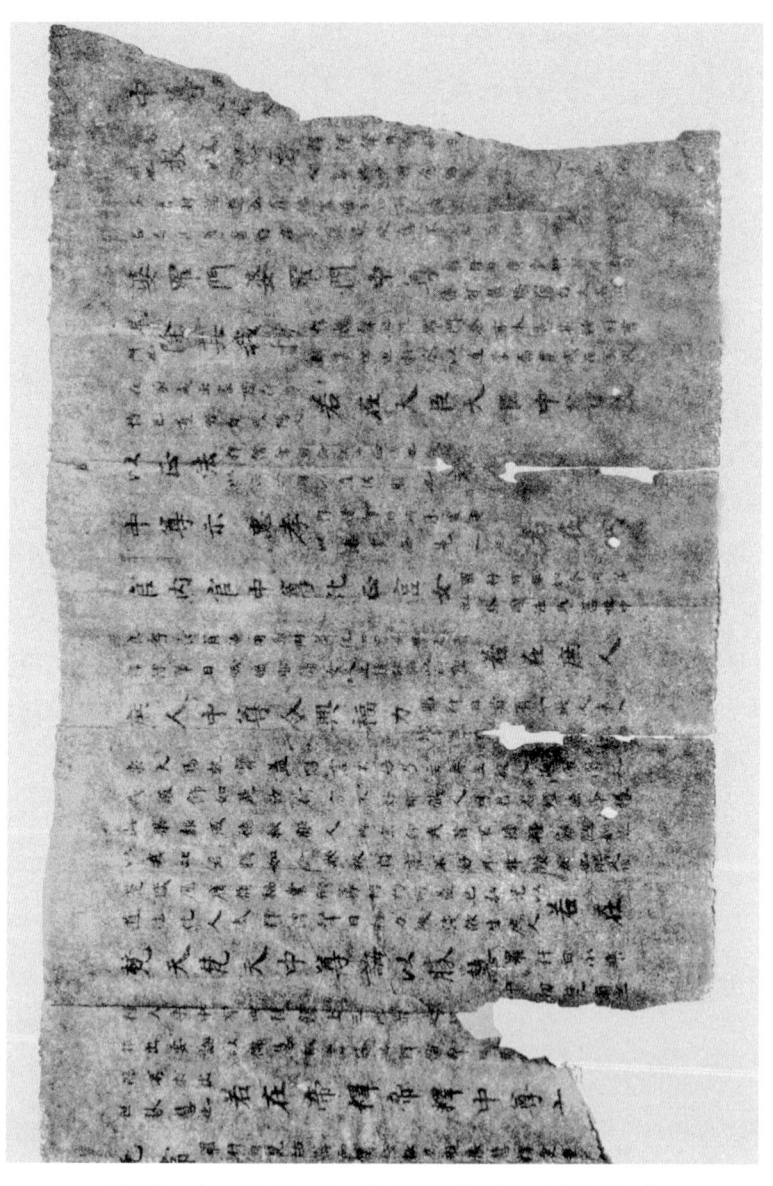

图版八一九　图10　1.《维摩诘所说经注·方便品第二》
（正面写，背面写古维吾尔文历书）

图版八一九　图10　2.《维摩诘所说经注·方便品第二》
（正面写，背面写古维吾尔文历书）

肇曰：天帝处切刹宫五□自娱，视东望西，多不虑不常。"

二十一行，"若在护世，护世中尊，护诸众生"。注云："释僧肇曰：护世四天王也，各理一方，护其所部，使诸恶鬼神不得其侵害之也。"

三十行，是"身无常"经文上现刻本有"诸仁者"三字。

又按写本，凡"庶民"均作"庶人"，盖避唐太宗讳；"治"作"沪"，盖避唐高宗讳，因知此写本当写在唐高宗后。时唐已灭高昌，改为西州，且置安西都护府于高昌。则汉文经典流传至西域为极平常事也。经背面写回鹘文历书，盖回鹘人利用旧写经残纸，转写其他文件也。

（一一）比丘尼僧写《涅槃经》题记　图版一〇，图 11

此残纸出吐鲁番，哈拉和卓旧城中，高一九·七厘米，宽一二·九厘米。存七行，行二十至二十四字不等。起"比匚"，讫"养界"。首行有割裂痕迹。盖此纸原为《涅槃经》，末尾应写经名标题。出土后，为人将《涅槃经》原文割去，并将最后一行上半《涅槃经》标题亦割去，仅留末行下半段"比匚尼僧愿普为一切敬造供养"十三字，后即紧接题记。记云：

延昌十七年丁酉岁二月八日比丘尼尼僧眬誓首归命常住三｜宝僧眬先曰不幸生粟女秽父母受怜令使入道雖参法｜侣三菜面墙凤霄惊俱恐命空过寤寐思省冰炭｜交怀遂割减衣钵之分用写涅槃一部黑读诵者获｜涅槃之乐礼观者济三涂之苦覆以斯福眬现身康｜强远离苦缚七祖之魂考姚注识超升慈宫挺生养界

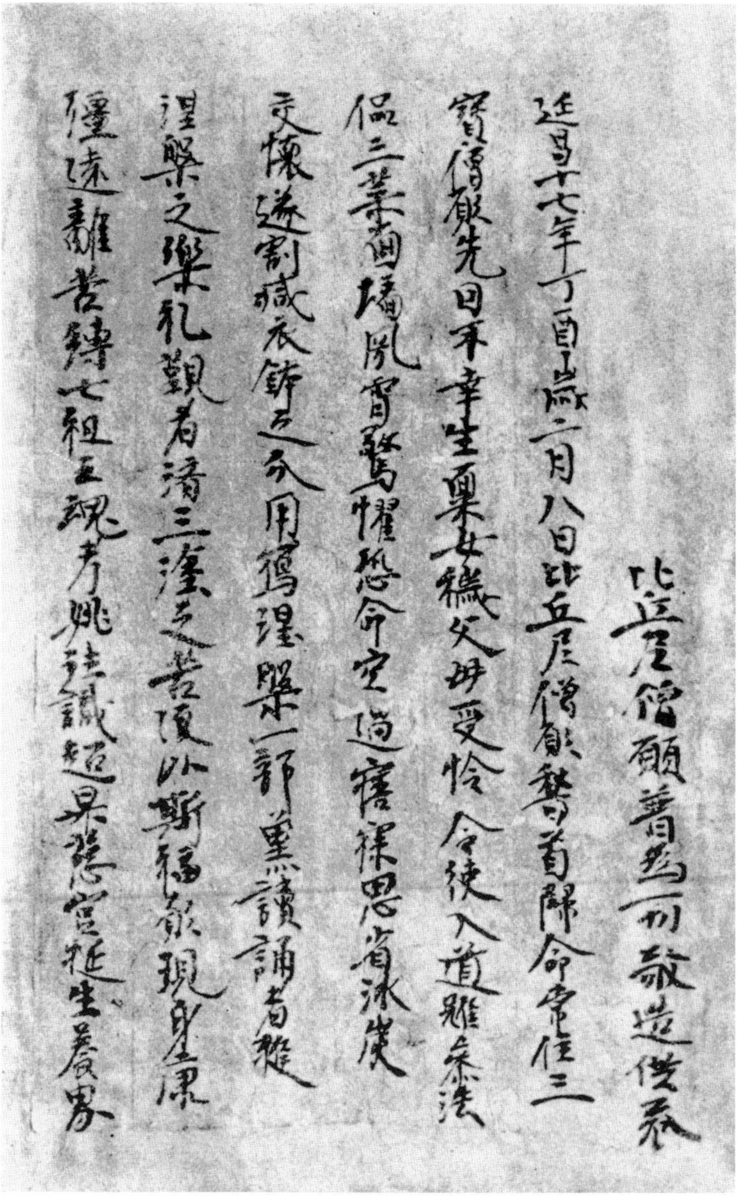

二、遗物说明一：古籍写本及题记（附印本、拓本） 049

延昌十七年丁酉岁二月八日比丘尼僧敏颤首稽命常住三宝僧敏先日年辛生禀女秽父母受恰令使入道雅参法侣三业画矯肌骨驚懼悉命定遇瘠裸思省泳浅受怀遂割藏衣鉢五分用鹤涅槃一部黑讀誦者雜涅槃之樂礼觀者清三塗之苦復以斯福敬現皇帝僵途离苦鐘七祖五觀芳姚註識追昊慧宫挺生養男

图版一〇　图 11　比丘尼僧写《涅槃经》题记

按此残纸多六朝别字，如"稽"作"䳭"，"憐"作"怜"，"凤"作"凨"，"禮"作"礼"，"復"作"㚆"，"誕"作"挻"皆是。首题延昌十七年丁酉岁，延昌为高昌国麴乾固年号（详拙著《高昌砖集》）。延昌十七年即周建德六年（公元五七七年）岁在丁酉，与此纸相合。比丘尼僧为供养人，非写经人。由于"遂割减衣钵之分，用写《涅槃》一部"之语，疑为比丘尼僧雇人抄写《涅槃经》一部供养者。题记中又有"七祖之魂考妣往识，超升慈宫"之语，七祖疑指高昌国麴嘉以后七代。日本人在吐鲁番劫去高昌国写经残纸多件，其中有写《仁王经》卷上残纸题记云："延昌卅三年癸丑岁，八月十五日，白衣弟子，高昌王麴乾□……又愿七世先灵考妣往识……"（见《西域考古图谱》佛典附录）此残纸出吐峪沟，"乾"下当为"固"字，可证此纸为麴乾固所写。关于"七世先灵"之语，我在《麴氏纪年》中，已考证由麴嘉至麴乾固适为七世。因疑此写经供养人为高昌王族，或即麴乾固眷属所写。

（一二）为开元皇帝祈福文残片　图版一一，图 12

此残纸出吐鲁番雅尔湖古城中。高一二·五厘米，宽一二厘米。起"今瞻"，讫"志王"，可见者共十行，首末两行残缺。内有"奉用庄严开元皇帝陛下"等语，疑此为寺庙僧侣为唐玄宗祈福文残片，惜残缺过甚，无由知其全部意义也。

（一三）观音奴别译文题识　图版一一，图 13

此残纸出吐鲁番。高一一·三厘米，宽一八·七厘米。两面书写。正面为汉文佛经断片，另一行写于经文上端，为"观音奴都统所别译"八字。背面写古回鹘文四行，末行尾有"𘁩"，第一行旁，另有一行汉文书"别译文第一帙讫无安为"十字。两面所书，疑是

二、遗物说明一：古籍写本及题记（附印本、拓本） 051

图版一一　图 12　为开元皇帝祈福文

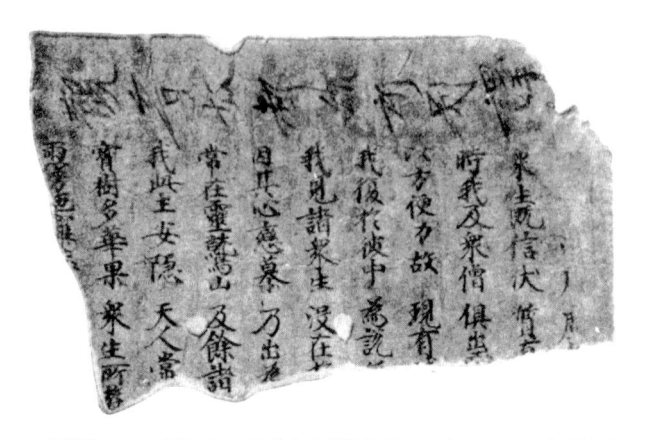

图版一一　图 13　观音奴别译文题识（正面写汉文佛经）

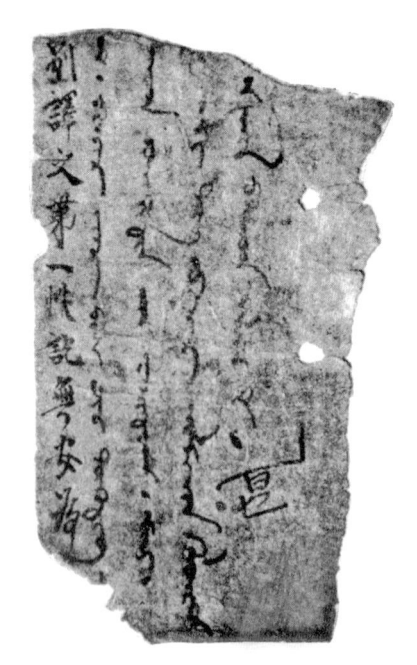

图版一一　图 13　观音奴别译文题识（背面写古维文）

一事，正面"观音奴都统所"指译经机关；背面"别译文第一帙讫"乃指译文事，所书回鹘文，与汉文对译，疑同一意义也。

又"观音奴"疑为人名，"都统所"疑为管理僧侣机关。《元典章》卷三十三"释道"条云："至大四年二月二十七日，特奉皇太子令旨一件。这里有的管和尚的总统所衙门革罢了，他每（们）的印，如今便销毁了者。又各处路分里、县里，有僧录司、僧正、都纲等，但是和尚的衙门，多都革罢了，拘收了他每的印销毁了者。"可证元至大以前，各地仍有管理寺庙机关及人员。新疆吐鲁番在回鹘统治时代虽崇奉摩尼教，但同时佛教亦极兴盛，当亦设置有管理僧侣机构及人员。此纸作"都统所"当为管理僧侣机构，与《元典章》"总统所"性质相同。又罗振玉《高昌壁画精华》所载第十八图，在巴则克里克壁画中有上题法惠都统之像、进惠都统之像、智通都统之像均用回鹘文汉文对译，皆回鹘时代所书。下面三人像，断发衣僧衣，无须，盖和尚中而为僧官者。因推此纸所题"观音奴都统"盖观音奴而为都统者也。

（一四）汉文佛经印本

1.《大般若经》残片　图版一二，图14

出吐鲁番哈拉和卓旧城中。高二二·六厘米，宽四七·五厘米。起"实了"，讫"蜜多"。共二十三行，行十四字。每字约一·四厘米。字为圆体，笔力遒劲。首行有小字"大般若经第四百九十一卷第十张号字号"十七字。上下有墨线横栏，左右边缘无直线栏。现存《第三分善现品第三之十》一部分，今与日本《大正藏》本玄奘所译《大般若经》校对，文字无异。

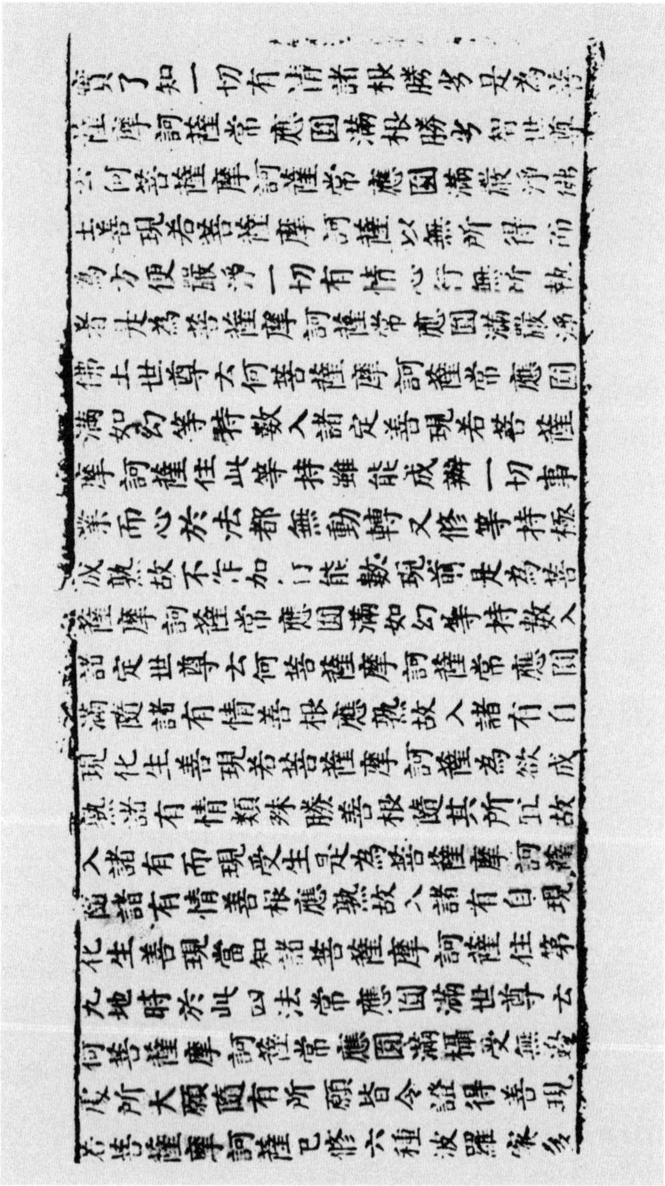

图版一二　图 14　汉文佛经印本

2. 佛经残片

出哈拉和卓旧城中。计为两片，均存上半。一高二二厘米，宽一六·六厘米。起"二分"，讫"无断"，共六行（图版一三，图15）。上有粗线墨栏，右旁有细线墨栏。一高二二·七厘米，宽一六·六厘米。起"故四"，讫"断乃"，共六行（图版一三，图16）。上有粗线墨栏，左旁有细线墨栏。两片字体墨色相同，疑原为一片，后断为二者。中间空隙，约宽二·五厘米，疑为折叠之用。

3. 佛经残片二件

出哈拉和卓旧城中。一高三一·一厘米，宽一一·三厘米。起"是道"，讫"乞食"，共六行，行十七字（图版一四，图17），左边缝有"东四"及"九"剖半字。一高二五·三厘米，宽一一·三厘米。起"衣药"，讫"故说"，共六行（图版一五，图18）。因有残缺，疑每行字数，或与上同。右边缝有"东四""九"剖半字，盖两片原为一片，后断为二，故"东四"字剖为两半也。背面写回鹘文。又有"蕃王府"朱文长方章。字体整洁、纸微黄，上下有细线墨栏，疑亦为折叠之用。每六行为一面，一折十二行，与上片同。疑上片亦为每行十七字也。背面均写回鹘文。

4. 佛经残片

出雅尔雅湖旧城中。高一四·六厘米，宽一五·二厘米。起"是没"，讫"于水"，共七行，现存下部（图版一六，图19）。纸作杏黄色。背面写回鹘文。

以上各件，刊刻年代均不详，但因有背面写回鹘文者，如图版一五、一六，故可能为宋代或稍前所刊也。

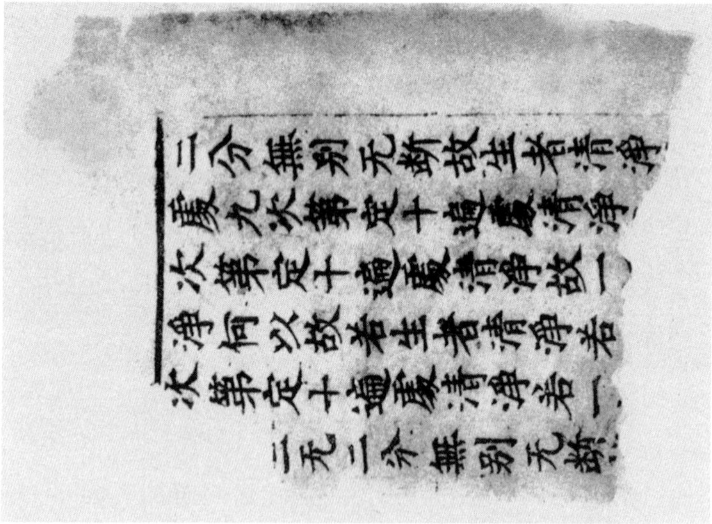

图 15

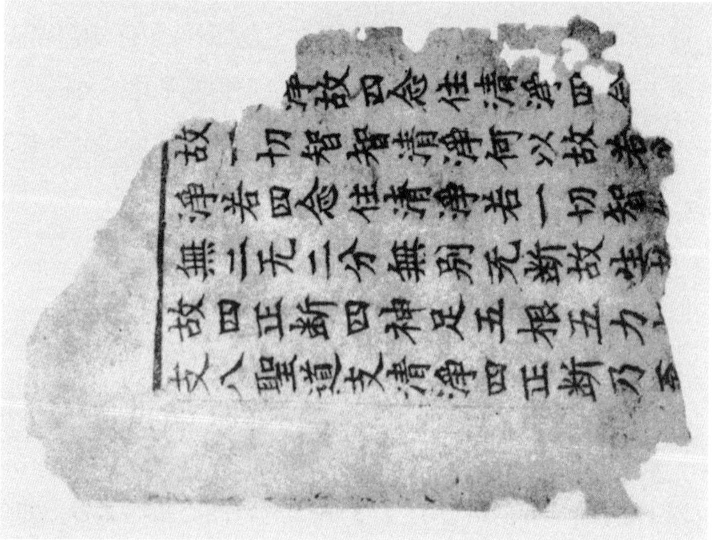

图 16

图版一三　图 15—16　汉文佛经印本

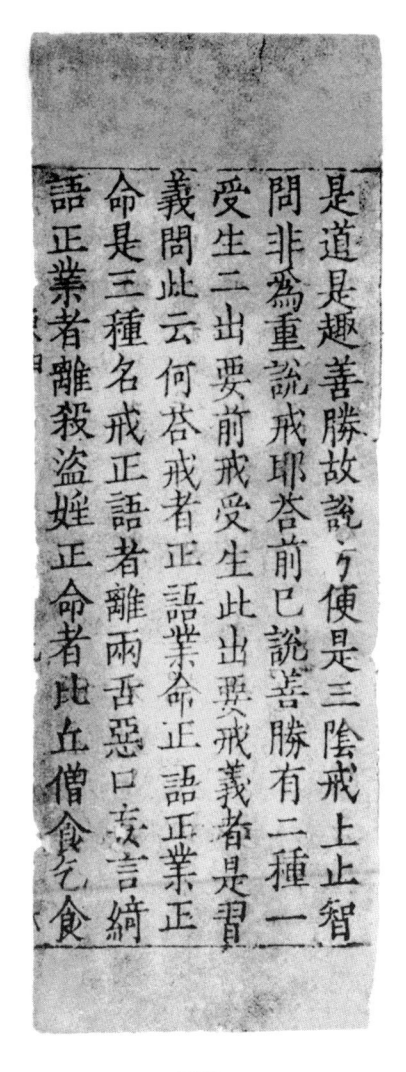

是道是趣善勝故說亦便是三陰戒上止智
問非為重說戒耶答前已說善勝有二種一
受生二出要前戒受生此出要戒義者是謂
義問此云何答戒者正語業命正語業者
命是三種名戒正語者離兩舌惡口妄言綺
語正業者離殺盜婬正命者此丘僧食乞食

正面　　　　　　　　　　　背面

图版一四　图 17　汉文佛经印本（背面写古维文）

衣藥具是正命餘邪命優婆塞離五種
酒肉眾生是謂正命問云何上止答
進念定上止者滿具復次滅婬怒癡部
止向彼住故說上止是三種
者力若說進當知巳說力復
進者行此能進至善勝故說

正面　　　　　　　　　背面

图版一五　图 18　汉文佛经印本（背面写古维文）

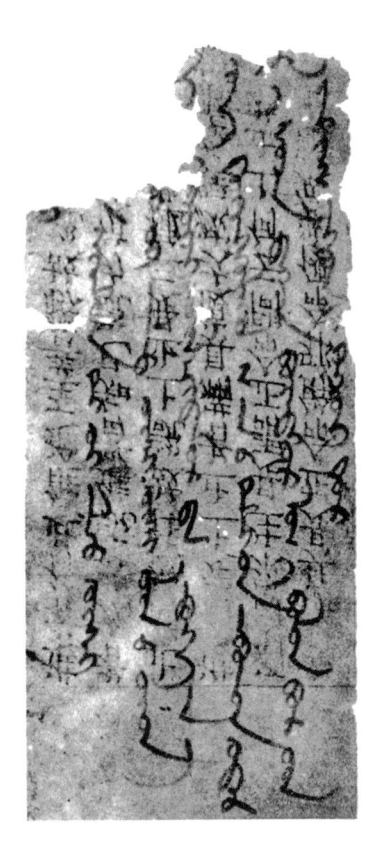

二、遗物说明一：古籍写本及题记（附印本、拓本） 059

正面

背面

图版一六　图 19　汉文佛经印本（背面写古维文）

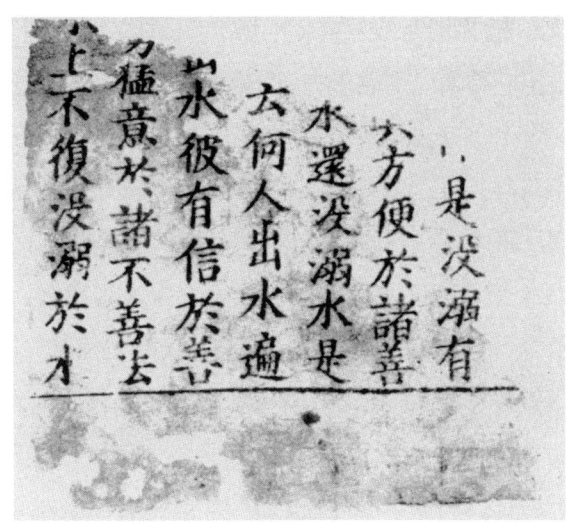

（一五）《金刚般若波罗蜜经》拓本　图版一七，图 20

此残石出吐鲁番巴则克里克。王树枏云："光绪三十四年（公元一九〇八年）土人掘地得之。碑高二尺余，宽二尺五寸，厚一尺，共二十二行，行二十三字。书法秀逸，的是北魏时笔意。同知曾炳熿移庋厅署中。"（《新疆图志·金石志》《新疆访古录》）我等于一九二八年到迪化时见此石砌于督署大厅走廊南壁。共二十四行，起"汝意"，讫"众生"。唯首末两行仅存"汝意"及"众生"等字，故《新疆访古录》称为二十二行，不数首末两行也。以现刻本校，原行为四十一或四十二字，现存者行二十一至二十三字不等，因上下均有残缺也。下有题记称："吐鲁番出土残碑，壬子初夏，袁大化移植抚署。"壬子为民国元年（公元一九一二年），是出土在一九〇八年，而移植督署在一九一二年，相距仅四年也。石刻为元魏菩提留支所译《金刚般若波罗蜜经》。现存《如来非有为分第五》《我空法分第六》《具足功德校量分第七》一部分。唯第一行"汝意"现刻本作"于意"，十一行"法"下现刻本落"相"字，余均同现行刻本。唯石刻不列品名，仅空上一字。按据《大唐内典录》云：菩提留支北天竺国人，于魏宣武永平二年，在雒阳于胡相国第译出，僧朗笔受，与罗什译本小异也。

二、遗物说明一：古籍写本及题记（附印本、拓本）　061

图版一七　图 20　《金刚般若波罗蜜经》拓本

三、遗物说明二：古文书写本（附钱币及碑志拓本）

（一）白雀元年物品清单　图版一八，图21—22

此残纸大小共二件，系一九二八年我在吐鲁番考察时，购自哈拉和卓一农民之手。据说同出哈拉和卓旧城中。两纸墨色笔法相同，疑原为一纸，后碎断为二片者。

1. 高六·一厘米，长一八·二厘米。起"□绣"，讫"全（？）副"。文云：

……｜……绣蒿里｜……行不得｜……雀后玄武｜……领｜……二枚｜……铜钱全（？）副｜

2. 高一四·一厘米，长二九·三厘米。起"曰精"，讫"见在"。文云：

……曰精｜故绀绩结（？）发（？）｜故绢覆面二枚｜故碧桶一枚｜故木疏一枚｜故绢衫一领｜故小绢褌一□｜故绢大褌一□｜故绢被一领｜故杂绿百……｜丝五

三、遗物说明二：古文书写本（附钱币及碑志拓本） 063

图版一八　图 21—22　白雀元年物品清单

十斤｜故兔豪五百支｜白雀元年九月八日｜襐衣裳……｜
笛难时见在……｜

按尾题"白雀元年"，是此纸为"白雀元年"所写。但"白雀元年"为姚苌在北地称秦王时年号，白雀三年取长安称皇帝后，即改元建初。白雀元年即秦苻坚建元二十年（公元三八四年），时苻坚虽败于肥水，但河西犹属于秦，凉州刺史梁熙、高昌太守杨翰犹奉秦苻坚正朔。时吕光统大军在龟兹，史称"秦王坚闻吕光平西域，以光为都督玉门以西诸军事、西域校尉。道绝不通。"（《通鉴》一〇五、一八）白雀二年吕光回师取凉州，白雀三年得秦苻坚死讯，乃改元太安。是吕光改元以前，河西及高昌均奉前秦正朔，姚苌与西域尚未发生关系，高昌似不应有姚苌年号之记录。故疑此纸为姚苌白雀年间北地难民或商人，逃难至高昌时，将所携带物备地方官吏查询者。观于所写物品皆日常所需，如碧楠、结发、绢衫、绢裤、绢被、丝、兔豪等，皆非军用物资；而丝五十斤、兔豪五百支，似有一部分商品。末尾称"留难时见在"，即言当查询时实有物品具如上开。《后魏书·高昌传》云："彼之甿庶，是汉魏遗黎，自晋氏不纲，因难播越，成家立国，世积已久。"此写清单之人，或即当时因难播越之难民，故仍书姚苌年号。

（二）□露二年残牒　图版一九，图 23 正面

此残纸出哈拉和卓旧城中。系自一鞋样中拆出，作不规则形。两面书写。背面写"龙屈仁浮逃户籍"。高一八·七厘米，宽二五·五厘米。正面所写为残牒，起"冲阙"，讫"□司"。共五行。文云：

正面

背面

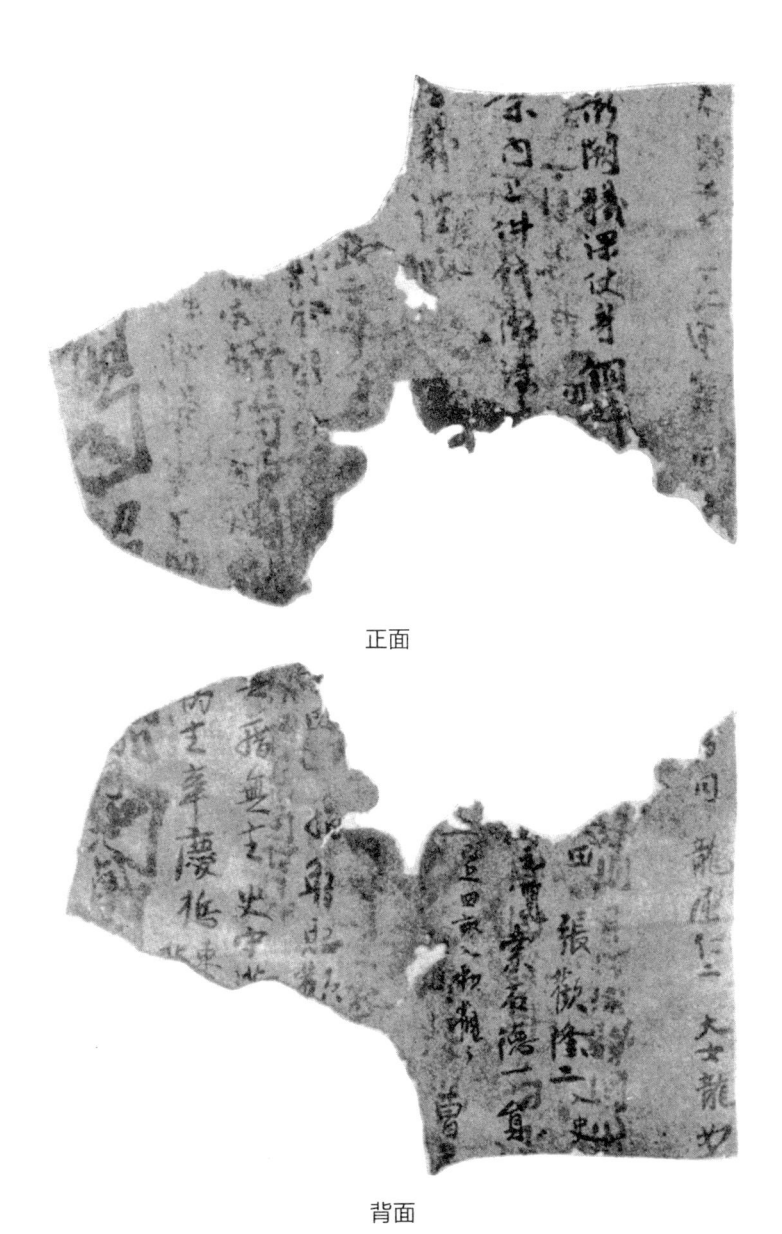

图版一九　图 23　□露二年残牒（背面写龙屈仁浮逃户籍）

……冲阙职课仗身铜钱……｜……案内上件钱征课……｜……裁谨牒｜……露二年二月……｜拴（监?）攺（牧?）司马牧□张｜……司……｜

按"露"上缺一字疑为"调"字。"调露"为唐高宗年号。查历代纪元中有"露"字者，尚有"甘露"年号，如汉宣帝，魏高贵乡公、吴归命侯、前秦苻坚皆曾以"甘露"纪元。但此残纸所记皆属唐代西州时事，与汉、魏、吴或前秦时代不相及，故"露"上所缺者当非"甘"字而为"调"字，故此纸亦当为唐高宗调露二年（公元六八〇年）所写。

又首行"冲阙职课仗身铜钱"者，按仪凤三年诏云："宜令王公以下，百姓以上，率口出钱，以充防阁、庶仆、胥士、白直、折冲府仗身，并封户内官人俸食等料。"（《唐会要》九一、三）据此，"冲"上当是"折"字。折冲府仗身疑类同今之勤务。据《唐六典》注"其防阁、庶仆、白直、士力、纳课者，每年不过二千五百，执衣不过一千文"（卷三、四十）。《旧唐书·食货志》："光宅元年（公元六八四年）令执衣以下，皆纳课仗身钱六百四十。"（卷四十八）又据天宝三载（公元七四四年）敕："郡县阙职钱送纳太府寺，自今已后纳当郡，充员外官料钱。"（《唐会要》九一、六）今据此残纸，是唐代征纳阙职课及仗身钱，在调露二年即已实行，并不始于光宅间也。

又与上件相类者二件，附于下：

1. 图版四〇、图41正：为一不规则之断片。高一二厘米，宽一三厘米。起"职仗身"，讫"曹□"，共五行。内有"职仗身铜

(钱)"等字。疑与上件同写关于征纳钱课文书者。此件并盖有朱篆文方印，约六字，二行。第一行为"西州都"三字，尚可辨识；第二行第一字模糊，二三两字疑为"印章"，不知是否为"西州都督印章"六字。背面写张众汉户籍。（见另文）

2. 图版四六，图 50：为一不规则之残片，与上件同，自一鞋样中拆出。高一一厘米，宽六·五厘米。两面写，正面写"兵曹件状如前｜调露……"等字，调露当为年号，下缺年月日。背面写户籍，现存"……籍同宋元达一宋口｜……二亩"等字，可能与上件为同时所写。

（三）安末奴等纳驼状　图版二〇，图 24

此纸出吐鲁番哈拉和卓旧城。高二七厘米，宽三八·四厘米。共八行，起"载初"，讫"德妻"。文云：

𡔈𡕍元䦂三㔾卄四○蛮安末奴赵阿阇利｜赵隆行王□（勋）记马守（?）海韩熹有（?）李隆德康｜□畔（?）张大师樊孝通等其中安末奴韩熹有（?）｜赵阿阇利等三人先有十驮余外七人无驮｜

练负康智奴师一子一｜口知（?）记一驮练一匹付团负练人马守海妻一康一｜负练人赵隆行一一　一｜负练人李隆德妻

按此纸首有𡔈𡕍䦂㔾○等字，吐鲁番哈拉和卓古城出土武周之张怀寂墓志亦有此数字。《通鉴》二百四卷天授元年下载"凤阁侍郎河东宗秦客改造天地等十二字以献"。胡注十二字为：照、天、

图版二〇　图 24　安末奴等纳驼状

地、日、月、星、君、臣、人、载、年、正；又有"证""圣"二字。据此则上一字为载，三为年，四为月，五为日，但无第二字。武氏天授元年所改元，新、旧《唐书》均作"载初"，则此字当是"初"字。又据此文书及《张怀寂墓志》，则武周时所造新字，固不限于十二字或十四字也。又此纸称"负练人某某"者，盖西州出练布，故在调税中改纳练布一匹，例如，下《西州征物状》中有"练布"及"毡"可证。故负练人即欠纳练布之人。五行作练负、练字墨淡应作负练，原纸负旁有钩乙可证。在牧畜地区又兼纳牲畜，例如：此纸上写"□知知记一驮，练一匹付团"可证。《新唐书·兵志》云："士以三百人为团，团有校尉；五十人为队，队有正；十人为火，火有长；火备六驮马。"此疑应军团之征发也。又安末奴上加一"蛮"字，疑为当时对少数民族之总称。安末奴疑为安国人，康智奴疑为康国人，赵阿阇利疑亦非汉人。

（四）西州征物残牒　图版二一—二二，图25—26

此残纸二件均出吐鲁番哈拉和卓旧城。为本地农民裁截，现仅存一部分。

（1）高一四·九厘米，长四三·五厘米。起"四贯文"，讫"未纳"。（图版二一，图25）

（2）高一四·六厘米，长四〇·二厘米。起"邓大方"，讫"县欠"。（图版二二，图26）

以上两纸均为西州所属各县向州征纳物质账单。已注明者有柳中、蒲昌、高昌三县，并注纳物人名，纳了或欠。所纳物资有练布、毡、绳索、杂物、生绝、屯绵、粟、麦及钱，均注明数量，惜上半截残缺、未能知其全貌。按柳中即高昌国之田地城，今鲁克沁

图版二一　图25　西州征物残牒

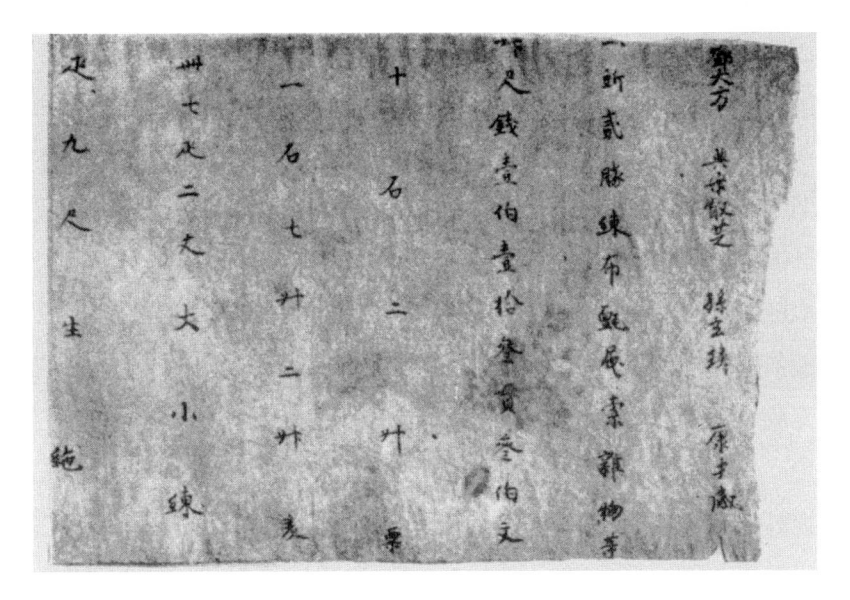

三、遗物说明二：古文书写本（附钱币及碑志拓本）　　071

图版二二　图 26　西州征物残牒

尚有柳中旧城遗址。高昌即高昌国之高昌城，今哈拉和卓旧城即其遗址。蒲昌即高昌国之东镇城，今地不详，疑在今汉墩一带。西州尚有交河、天山二县，此纸未注。《新唐书·地理志》称"西州……土贡丝、毡布、毡、刺蜜、蒲萄五物、酒浆、煎皱干"等（卷四十，十页）。现各县所纳物类，皆地方土产。所纳物、布以丈尺计数，氎以领计数，绳索以条计数，粟麦以升斗计数，均为各县所应征缴纳之租税也。唐制："每丁岁入粟二石，调则随乡土所产，绫绢絁各二丈，布加五分之一，输绫绢絁者兼调绵三两，输布者麻三觔；凡丁岁役二旬，若不役，则收其佣，每日三尺。"（《唐会要》八十三，六页）西州为唐朝直属州县，故租庸调法与内地同。惟氎布与毡为高昌特产，故除布外、兼调毡也。由此，可知西州在唐时，农村经济及纺织工业已相当繁荣。但观察缴纳物资人户，如里正范行忠、宁和才、牛慈惠及邓大方等均为汉人姓名、则在唐代西州土著民族之从事农耕者，汉人仍占主要成分也。

（五）开元十三年征物残牒　图版二三，图 27

此残件出哈拉和卓旧城中。高一四·七厘米，长四三·六厘米。被裁截为条状，起"牒件"，讫"此后□"。疑与上两条（图 25—

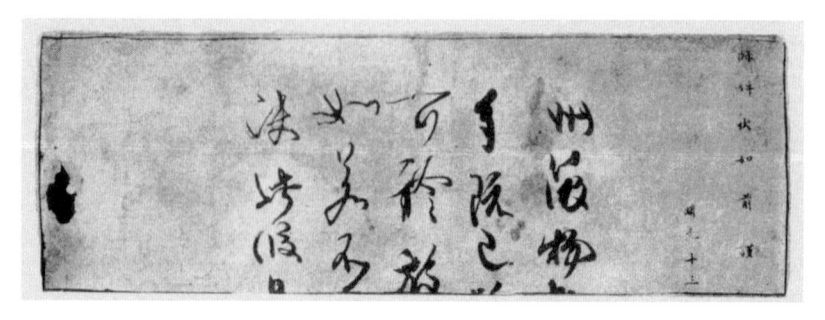

图版二三　图 27　开元十三年征物残牒

三、遗物说明二：古文书写本（附钱币及碑志拓本） 073

26）同属一牒文，而为牒文最后之上半截。文云："牒件状如前谨（牒）"、"开元十三"，批示五行，有"州征（？）物"等字，疑此纸连同以上二残纸皆是唐开元十三年（公元七二五年）所写关于唐西州征物之残文书。

（六）张元璋残牒　图版二三—二四，图28—29

此残纸二件均出哈拉和卓旧城中。

1. 高一四·七厘米，长四二·六厘米。上下均被裁截，疑为公文之最末段（图版二三，图28）。起"判稽"，讫"二日"。有"年十二月　日张元璋牒"等字。后为批示八行，与图27大小相若，字体亦类似，但不衔接。

2. 高一四·九厘米，长一九·二厘米（图版二四，图29）。起"应须"，讫"济示"。上被裁截，左右残缺。牒文四行，文云：

……应须行下任便处分牒｜……录白施行谨牒｜……
二月九日典张元璋牒｜判官仓曹李　｜判广济示｜

按以上二纸同有"典张元璋牒"想为一人，则上件之"济"亦

图版二三　图28　张元璋残牒

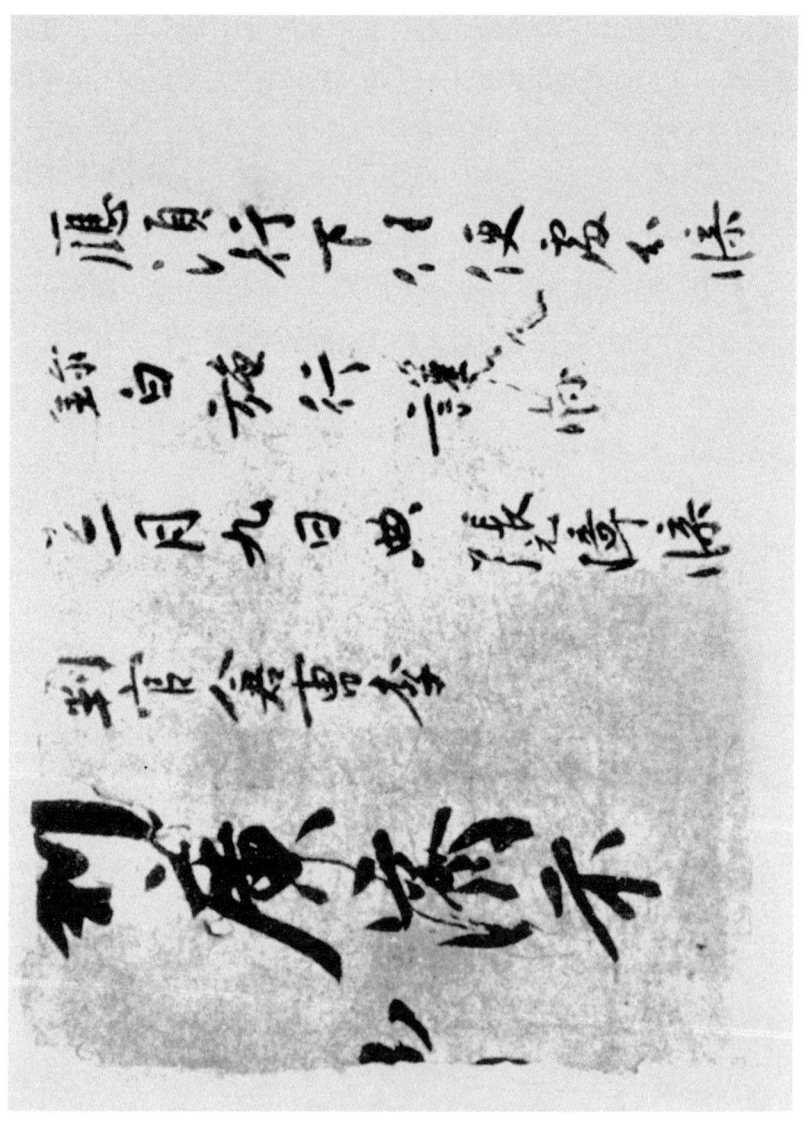

图版二四　图 29　张元璋残牒

即下件之"广济"。又按：据《唐六典》仓曹为都督府六曹之一（卷三十、九），"判官"与"典"皆为曹官，上有录事参军事一人为判司本曹事务之职官。文尾署名"济"或"广济"，则为通判诸曹之高级官员，疑为长史或别驾之属也。

（七）府司阿梁状词并批　图版二五，图30

此件出吐鲁番哈拉和卓旧城。高二八·七厘米，宽三五·九厘米。共九行，起"府司"，讫"三日"。文云：

府司阿梁前件萄为男先安西镇家无手力去春租│与彼城人卜安宝佃准契合依时覆盖如法其人至今│不共覆盖今见寒冻妇人既被下脱情将不伏请乞商│量处分谨辞│

付识□□勒藏│盖□□重□│诸如小事便即│与曹办讫申济│示十三日│

此纸不具年月。前半为状词，后半为批示。尾写"济示""十三日"。"济"疑为判官人名。在吐鲁番搜集残纸中（图版二三一二四，图28—29）尾写有"济示"或"广济示"，书法与此纸相似，或系一人所写。上件根据《西州征物残状》，已推定为开元间所写，则此纸亦疑为唐开元间所写也。

（八）高昌县征夫残状　图版二六，图31

此残纸出吐鲁番哈拉和卓旧城中。高二七·一厘米，宽一八·九厘米。尾残缺，现存五行，起"高昌县"，讫"界首"。文云：

高昌县　宁大乡│　合当乡夫总廿四人　│二人破除

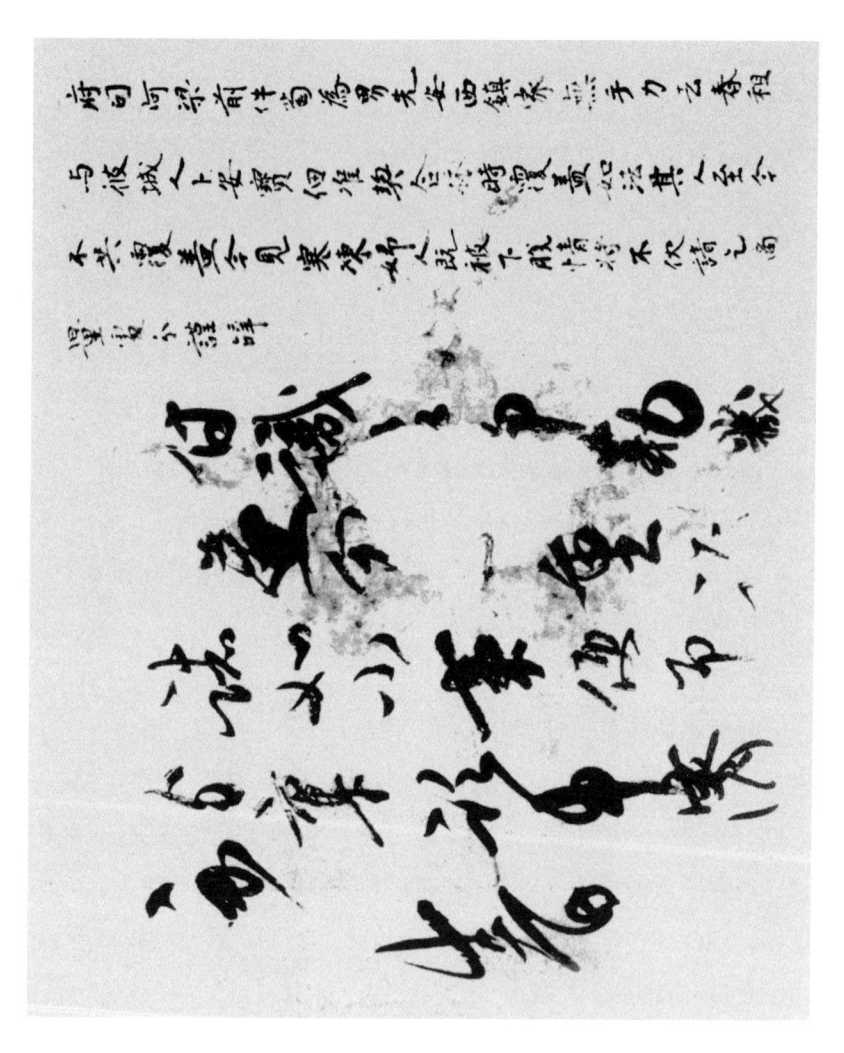

图版二五　图30　府司阿梁状词并批

三、遗物说明二：古文书写本（附钱币及碑志拓本） 077

　　　　　　　　　　　　　　　　　高昌縣

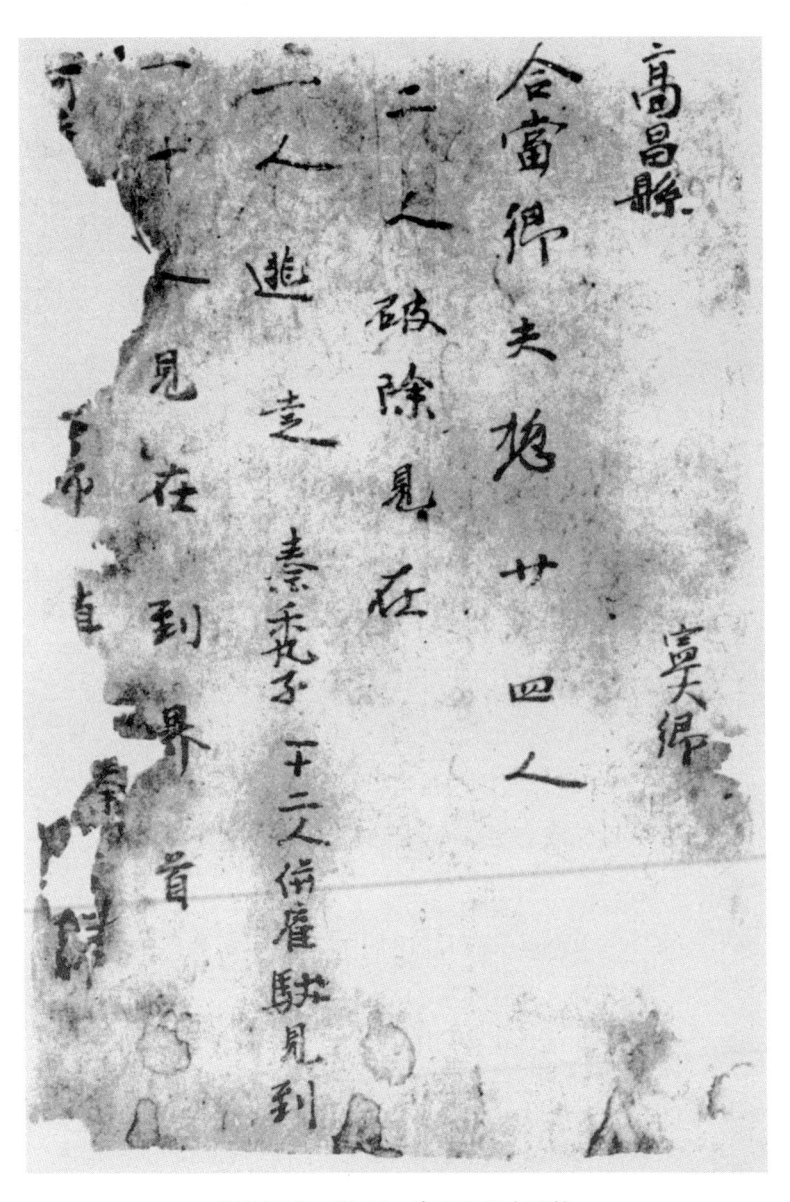

　　　　　　　　合當得夫挍廿四人
　　　　　二人破除見在
　　　　一人逃走　　　　　　　　　寧戎縣
　　　　壹秃子十二人併雇駄見到
　一十人見在到界首

图版二六　图31　高昌县征夫残状

见在｜　一人逃走　秦秃子一十二人并雇驮见到｜一十人见在到界首｜（末行有字，残缺，不可识）

此残纸是高昌县宁大乡应征乡夫，共二十四人，而以秦秃子为首之报到状词。中有二人破除见在者，据天宝十四载制云："天下诸郡逃户、有田宅产业，妄被人破除，并缘欠负租庸，先已（由）亲邻买卖，及其归复，无所依投。永言此流，须加安辑。"（《唐会要》，卷八十五，页十四）据此，二人破除，是二人原有产业，逃亡后，被亲邻买卖，以致破产，谓之破除。言二十四人中，有二人是被破除者，中途一人逃走。其他秦秃子一十二人，并雇驮已到，另十人已到界首。唐制"服兵役者资装自办"（见《旧唐书·褚遂良传》）。服劳役亦相同。是唐代征发，不特壮丁应征，驮马之类亦一并征发也。

（九）虞候司及法曹司请料纸牒　图版二七—三〇，图32

此残卷出吐鲁番哈拉和卓旧城。全长一四一·八厘米，高二九·一厘米。起"史"，讫"行判"，共三十三行。首为虞候司请六月料纸事，前有残缺，次为法曹司请黄纸事，文尚完具。文云：

史｜六月八日受即日行判｜录事使｜录事参军自判｜案为虞候司请六月料纸事｜

法曹｜黄纸拾伍张　｜壹拾伍张典李义领｜　右请上件黄纸写敕行下请处分｜牒件状如前谨牒｜开元十六年六月　日府李义牒｜法曹参军王仙乔｜付司楚付△｜九日｜六月九日录事使｜录事参军鞏　付｜检案沙白｜九日｜牒

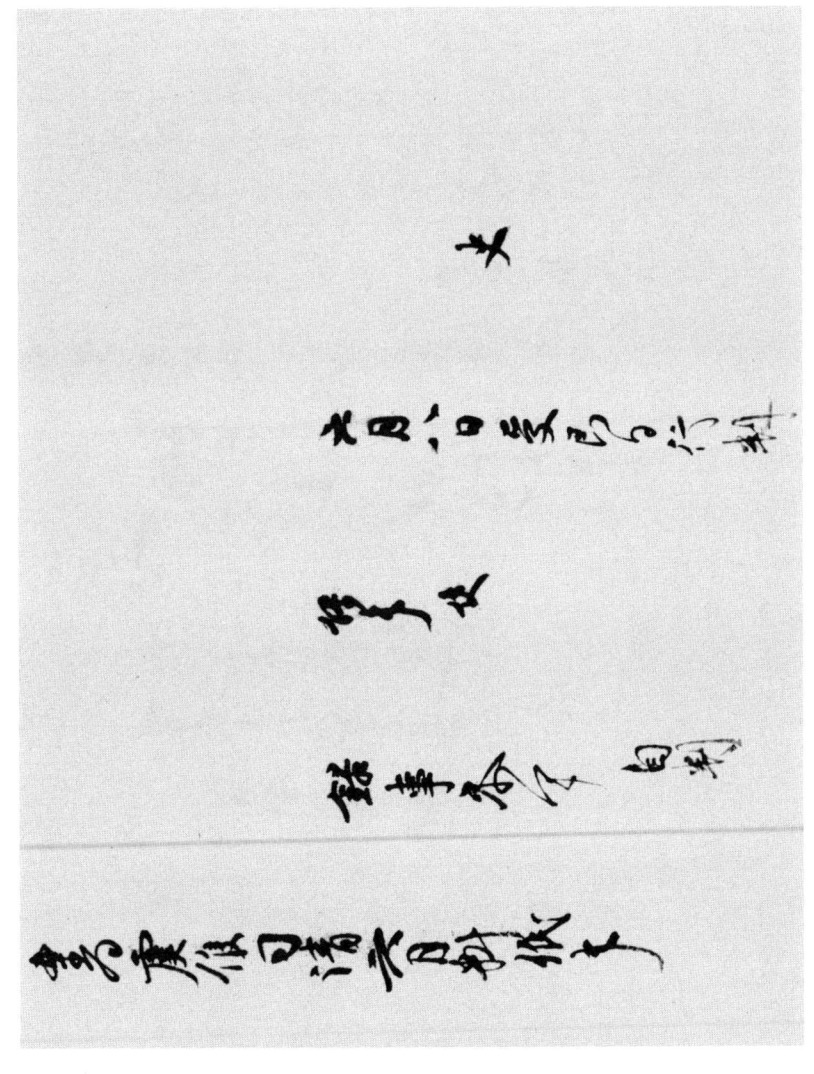

三、遗物说明二：古文书写本（附钱币及碑志拓本） 079

图版二七　图32　1.虞候司及法曹司请料纸牒

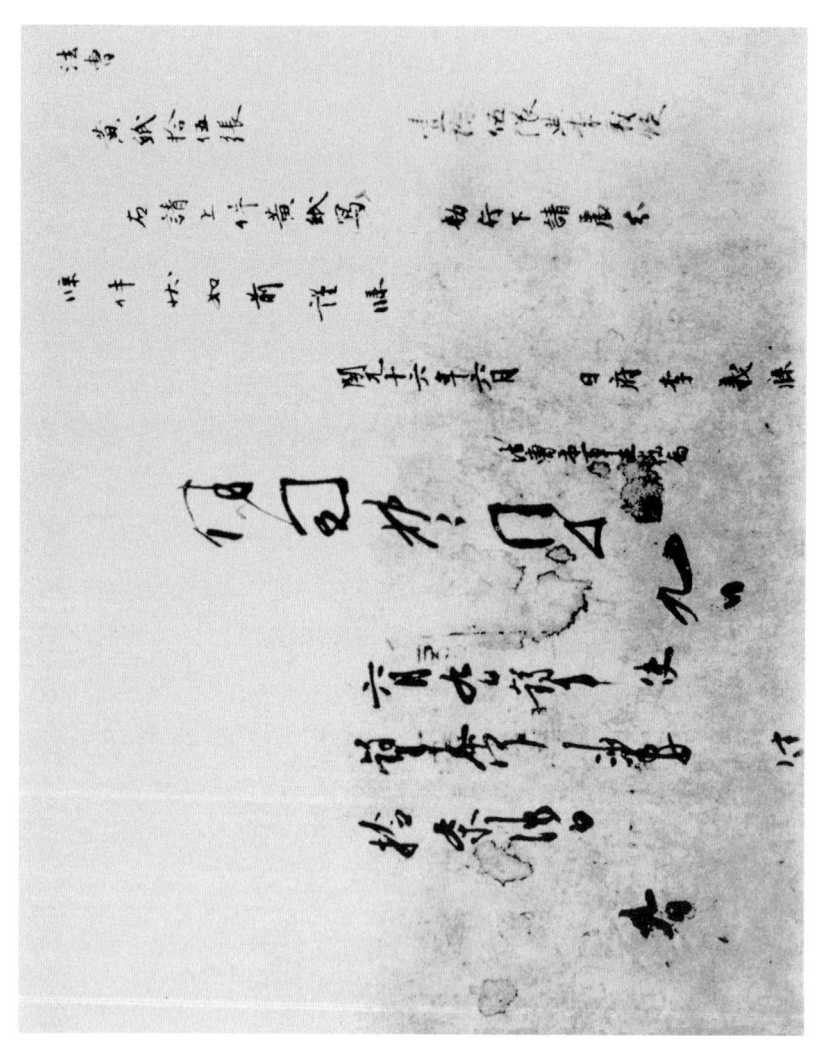

图版二八　图 32　2. 虞候司及法曹司请料纸牒

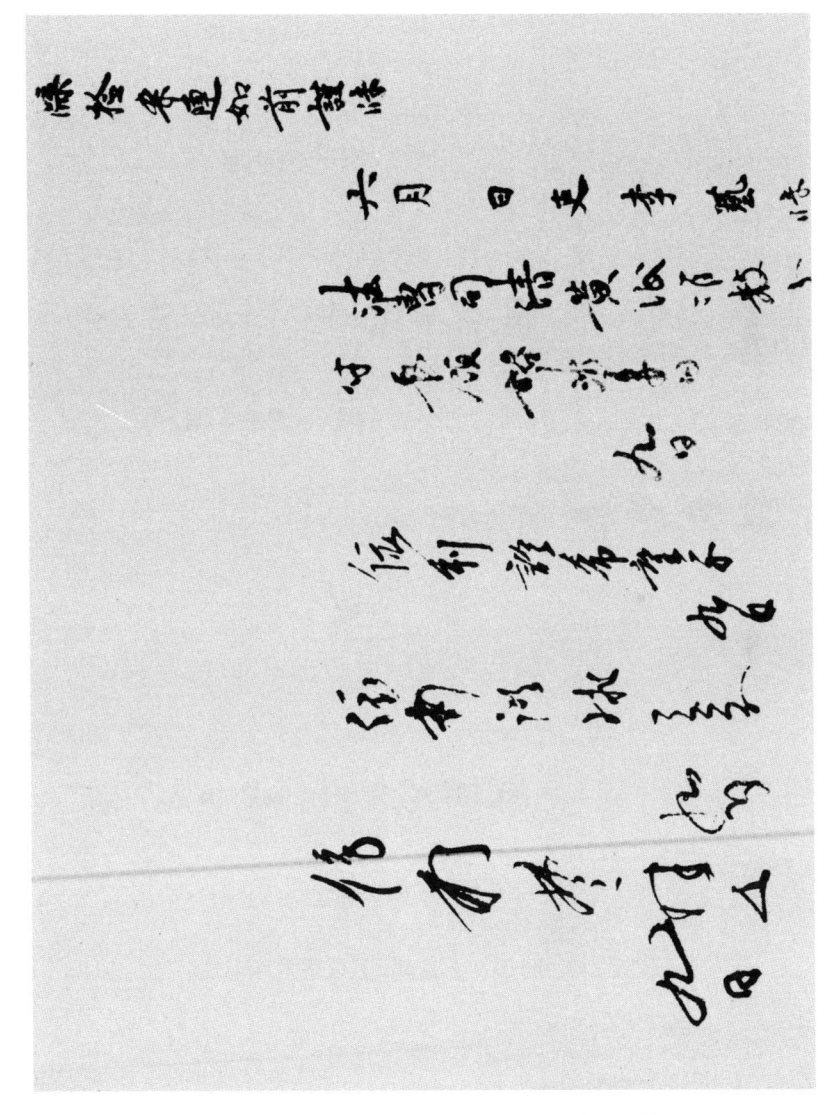

图版二九　图32　3.虞候司及法曹司请料纸牒

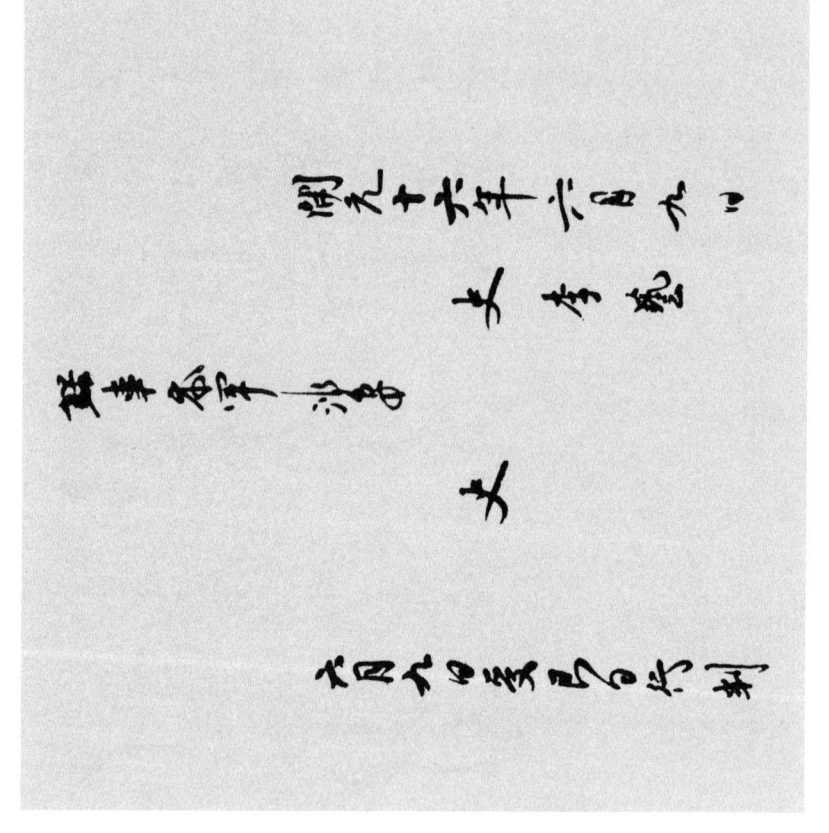

图版三〇　图32　4.虞候司及法曹司请料纸牒

检案连如前谨牒｜六月　日吏李艺牒｜法曹司请黄纸（百二）数分｜付□领诺塈白｜九日｜依判诺希望示｜九日｜依判河球事｜九日｜依判楚付△｜九日｜开元十六年六月九日｜史李艺｜录事参军塈｜史｜六月九日受即日行判｜

按此残纸，题明为开元十六年六月九日，则此纸为唐玄宗开元十六年（公元七二八年）所写。据《新唐书·地理志》西州为中都督府。《唐六典》称："中都督府，有都督一人，别驾、长史、司马、录事参军事各一人，录事二人，史四人；功曹参军事一人，府三人，史六人；仓曹参军事一人，府三人，史六人；户曹参军事一人，府四人，史七人，帐史一人；兵曹参军事二人，府四人，史八人；法曹参军事一人，府四人，史八人；士曹参军事一人，府三人，史六人；参军事四人，其他尚有执刀、典狱、问事、白直、市令、经学博士、医学博士等职官。"（《唐六典》卷三十、十一——十二）。此残卷所署职官，有录事参军、录事、法曹参军、录事使、史、府等名目。录事参军与录事、为都督名下属吏。法曹参军、府、史、为法曹曹官。《唐六典》云："尹、少尹、别驾、长史、司马、掌贰府州之事，以纪纲众务，通判列曹，岁终则更入奏计。""录事参军，掌付事勾稽，省署抄目，纠正非违，监守符印，若列曹事有异同，得以闻奏。"又云："法曹司法参军，掌律令格式，鞫狱定刑，督捕盗贼，纠逖奸非之事。……"（《唐六典》卷三十，页二二、二五）据此，法曹参军王仙乔，府李义，皆法曹曹官，而以参军王仙乔为首长。故由府李义牒请黄纸十五张，仍由典李义具领。按《唐六典》法曹职官，有府无典，而李义一署典一署府未知典与府为同名异称或彼一人兼二职也。十二行之"付司楚办"大字疑为别驾或长史所书。亦称通判，所谓"纪纲众务通判列曹"（同书同卷，二十二）之官也。此下文又有录事使、录事参军、史李艺，则为都督名下之职官。盖法曹司请黄纸牒文到府后，由录事抄转，录事参军签署"付"，又由史（当作吏）李艺具牒、依判谘请转付法曹具领。一切手续办完后，又由录事参军签署，通判批核，最后之第二十七行"依判楚办九日"大字，则为通判所书。由此残卷则当时之公文程序，可以推知也。

又此残卷，卷首为虞候司请六月料纸事，《唐六典》都督府六曹，无虞候司，或西州特别设置管斥候守望诸事者。公文手续与法曹相同，盖亦隶属于西州都督府也。

（一〇）天山县申车坊新生犊残牒　图版三一—三二，图33

此残纸出吐鲁番哈拉和卓旧城中。高一四·二厘米，长一七一·五厘米。本为一长卷，农人裁截为上下两半作裱褙或为胎里之用，纸上犹存丝织品痕迹。现存下半；起"口准状"，迄"十六日"，共四十行。内系天山县申报车坊新生犊事，内分载犊之毛色年齿，兹录其牒文一部分。文云：

……毛色齿岁上者准符牒所由勘得｜……通毛齿岁如前状上者车坊孳｜……岁到具状录申郡户曹听处分者｜……十二月廿五日宣德郎行尉马睿言上｜

按《唐六典》上县尉二人，中下县尉一人、从九品下（卷三十、三十一、三十二）。马睿言盖为天山县县尉、管车坊事者。户

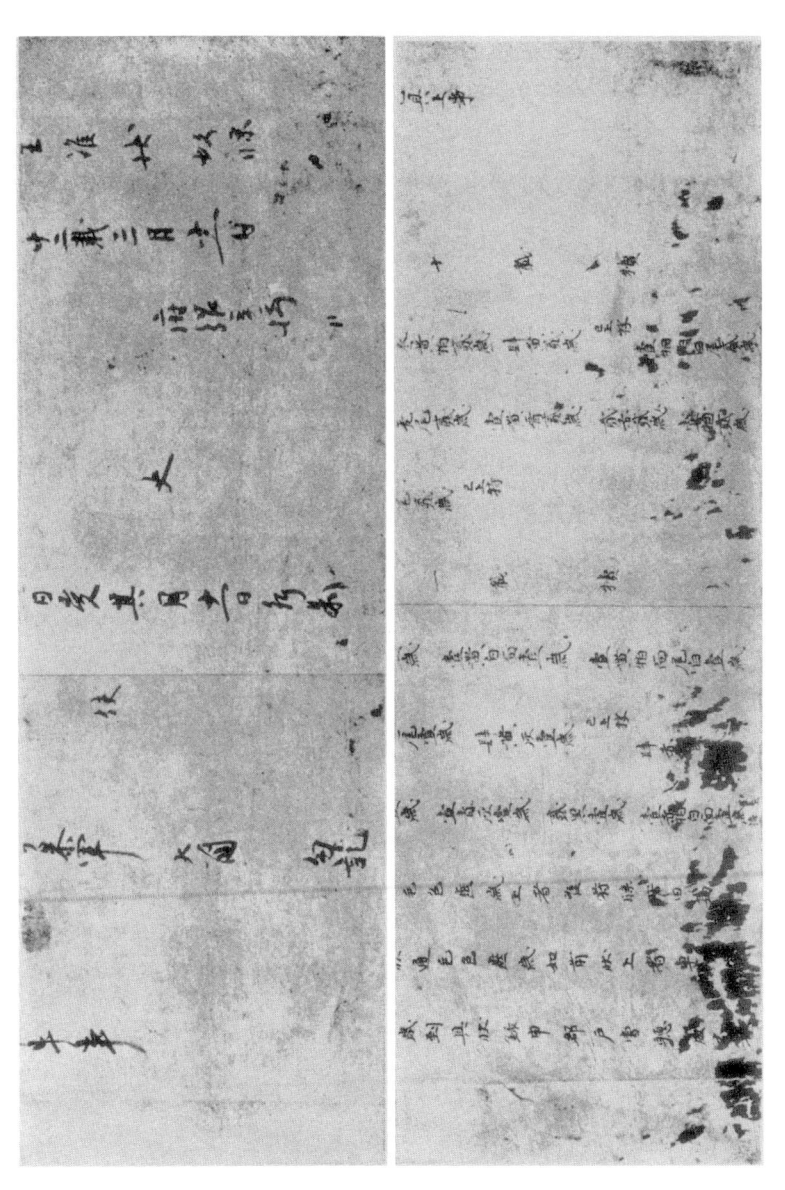

图版三一 图33 1—2. 天山县申车坊新生犊残牒

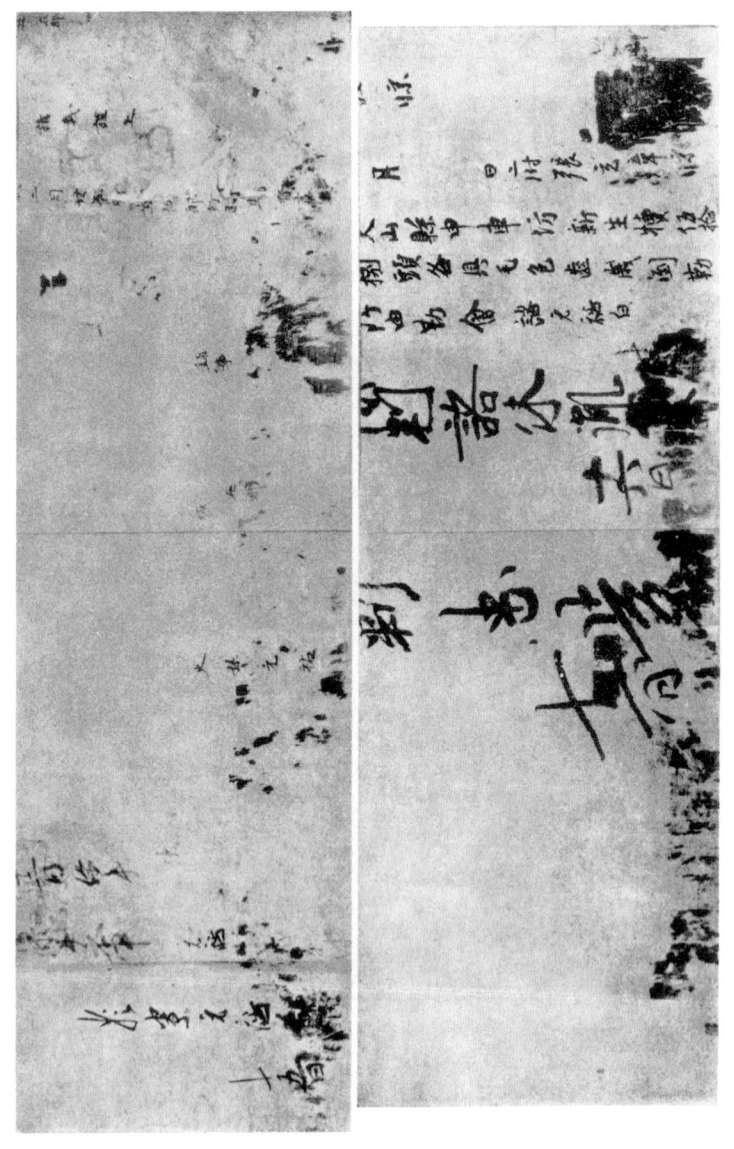

图版三二 图33 3—4.天山县申车坊新生犊残牒

曹为郡六曹之一，"掌户籍计帐、道路逆旅、田畴六畜、过所蠲符之事"（卷三十、二十四）。按《新唐书·地理志》西州交河郡，中都督府，领县五：前庭、柳中、交河、蒲昌、天山，是天山为属县。故天山县事必上申郡行判。牒文末云：

……天山县申车坊新生犊伍拾｜……捌头、各具毛色齿岁到勒｜……所由勒会谘元祐白｜十六日｜依判谘休胤□｜十六日｜判忠｜十六日｜

盖由天山县车坊二月廿五日具状到县，三月十一日县牒送申户曹。判谘为十五日。通判为十六日。例如：文内之录事参军元裕当为户曹职官，录事、佐史、府，皆其属吏，尾末判文之休胤、忠□、皆通判诸曹之高级官员，疑为长史或别驾所签署也。由此残牒，于当时西州郡县行文之程序，可得一例证。

又按此残纸，年月不全。据《新唐书·地理志》云："西州交河郡，贞观十四年平高昌，以其地置。开元中，曰金山都督府，天宝元年为郡。"据此，是改郡为天宝元年事。此残纸称"申郡户曹"，必作于天宝元年以后。又文首尚存"十二载三月十一日"。按据《通鉴》玄宗天宝三年改年为载，肃宗乾元元年复以载为年（《通鉴》卷二百十五、二百二十），此纸称十二载，当为天宝十二载（公元七五三年）所写也。

（一）伊吾军屯田残籍　图版三三—三四，图 34—35

此残纸出吐鲁番哈拉和卓旧城中。高一五·一厘米，长二六·一厘米。起"□远"，讫"役七"。上有"伊吾军之印"朱篆文方印。

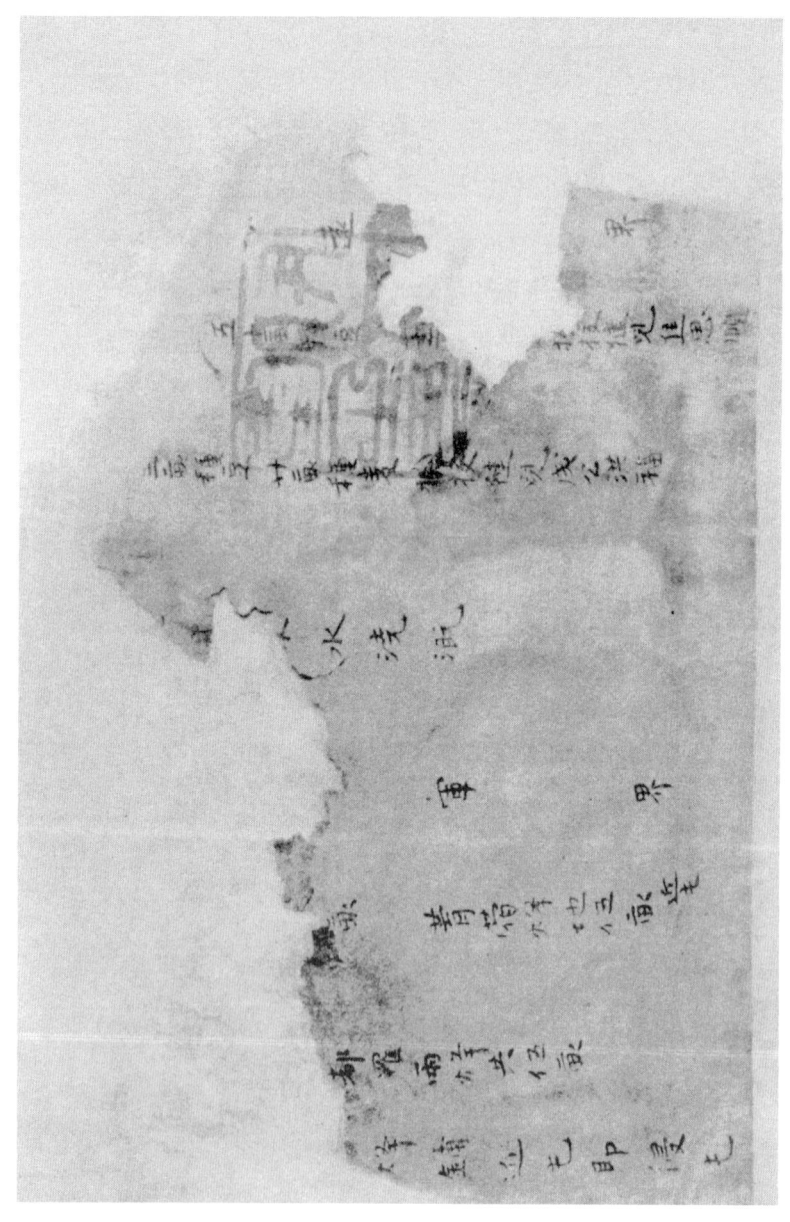

图版三三　图 34　伊吾军屯田残籍

三、遗物说明二：古文书写本（附钱币及碑志拓本）

图版三四　图 35　朝请大夫守伊州刺史残纸

盖为伊吾军屯田册籍,惜残缺甚多。原文云:

□远……界|……五十亩种豆一十二……检校健儿焦思顺|……三亩种豆廿亩种麦检校健儿成公洪福|……田□水浇溉|……军界|……亩苜蓿烽地五亩近屯|……都罗两烽共五亩|……烽铺近屯即侵屯|

此残纸疑是伊吾军屯田亩册,所称检校焦思顺、成公洪福皆屯田兵士。据《元和郡县志》:"伊吾军在州西北三百里,折罗漫山北甘露川。"(卷四十、十七)按折罗漫山、即哈密北之天山。伊州疑即今哈密西之三堡,现尚有土墩及旧城遗址。伊吾军既在州西北三百里,以形势计之,疑在今巴勒库尔一带。附近有小海子,名巴勒库尔,地亦以此名。汉代名蒲类海。《元和郡县志》云:"绕海名良田。汉将赵充国所屯也。俗名婆悉厥海。"(同上)此一带土地肥沃,故汉唐两代均在此屯垦。据残纸,种地有豆、有麦、又有苜蓿,文云:"苜蓿烽地五亩近屯。""苜"当即"苜"之别体。唐岑参诗有"苜蓿烽边逢立春"之句,是苜蓿烽为一地名,盖因种苜蓿而得名。

又一残纸为"朝请大夫使持节伊州诸军事,守伊州刺史,兼伊吾军……"下当有人名已残。旁有年月日、现存"月十四日"等字,缺年号。《新唐书·地理志》云:"伊州西北三百里甘露川有伊吾军,景龙四年置。"(卷三十,页十)据此,是伊吾军为唐中宗景龙四年(公元七一〇年)置,伊州为贞观四年置。此残纸称"守伊州刺史,兼伊吾军",是伊吾军屯田事,当亦由守伊州刺史兼理也。疑此纸与上屯田残籍有关,或为一纸被人截断者,伊吾军既

三、遗物说明二：古文书写本（附钱币及碑志拓本）

为景龙四年所设置，则此纸亦当在景龙四年以后所写也。

（一二）追捉逃番兵残牒　图版三五，图36

此残纸出吐鲁番哈拉和卓旧城。高二五·四厘米，宽四〇·三厘米。出土后，农民裁截作别用。现存七行，起"十二月"，迄"判官"。文云：

> 十二月不到番兵史……｜右件兵配当诸烽……｜人恐有不处虞罪及所……｜追捉发遣庶免斥候无亏谨｜牒件状如前谨牒｜开元廿九年十二月九日典候奉……｜都巡官游击将军果毅都尉马守奉判官……｜

按此纸为追捉逃番士兵文书残件。据《元和郡县志》称："西州城内有天山军，开元二年置。""管兵五千人，马五百匹。"（卷四十、二十）此纸出唐西州城遗址，所记当为天山军屯事。尾署都巡官游击将军果毅都尉，疑为天山军武官、管屯戍防卫诸事者。典候是专管烽候之候官。由于上件残纸中（图34）伊吾军有……都罗两烽地，因而知天山军亦当有烽地，必需派遣士兵戍守。此残纸中所称："兵配当诸烽。"又云："斥候无亏。"皆指诸烽守望诸事也。现由鲁克沁往西，由穷阿萨沿艾丁湖畔，至阿萨土拉，沿途烽墩林立、突厥语称为"土拉"。并有古道遗迹。在卜柯洛克土拉旁，尚有古代渠坝，疑皆古时屯戍遗迹也。（参考吐鲁番考察路线图）

（一三）唐西州浮逃户残籍　图版三六—四一，图37—43

以下唐西州浮逃户残纸八件，均出吐鲁番哈拉和卓旧城中。系由一鞋样中拆出。形状极不规则。今汇列于下：

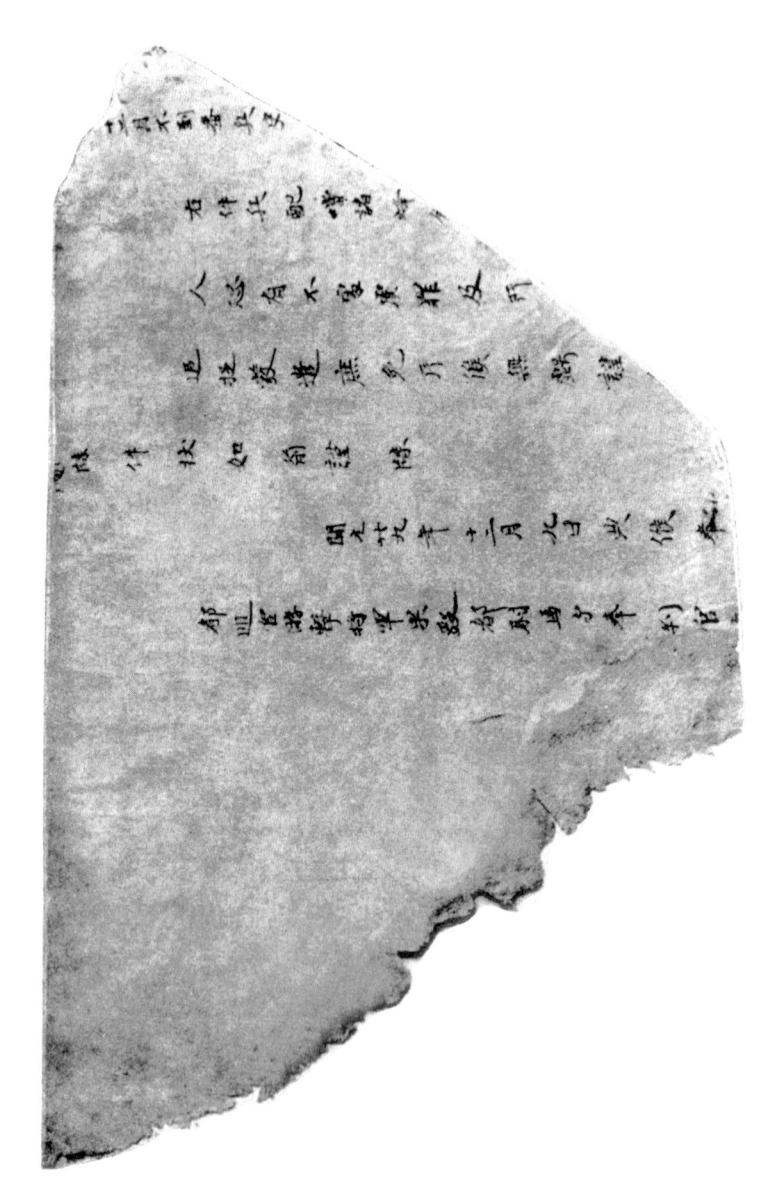

图版三五　图 36　追捉逃番兵残牒

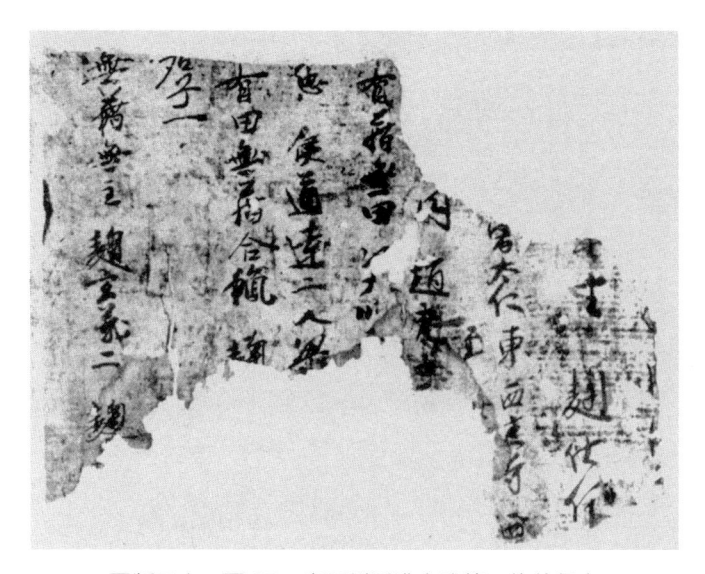

三、遗物说明二：古文书写本（附钱币及碑志拓本） 093

图版三六　图 37　唐西州浮逃户残籍　麹仕行户

图版三六　图 38　唐西州浮逃户残籍　曹太仁户

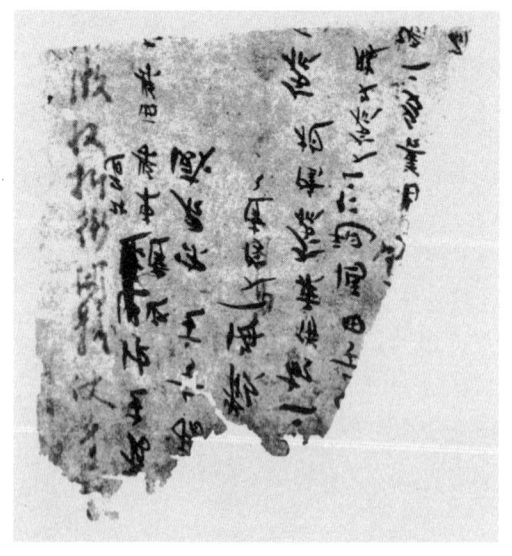

图版三七　图 39　唐西州浮逃户籍冯钽仁户（背面写"征收折冲阙钱仗身"等字）

三、遗物说明二：古文书写本（附钱币及碑志拓本） 095

正

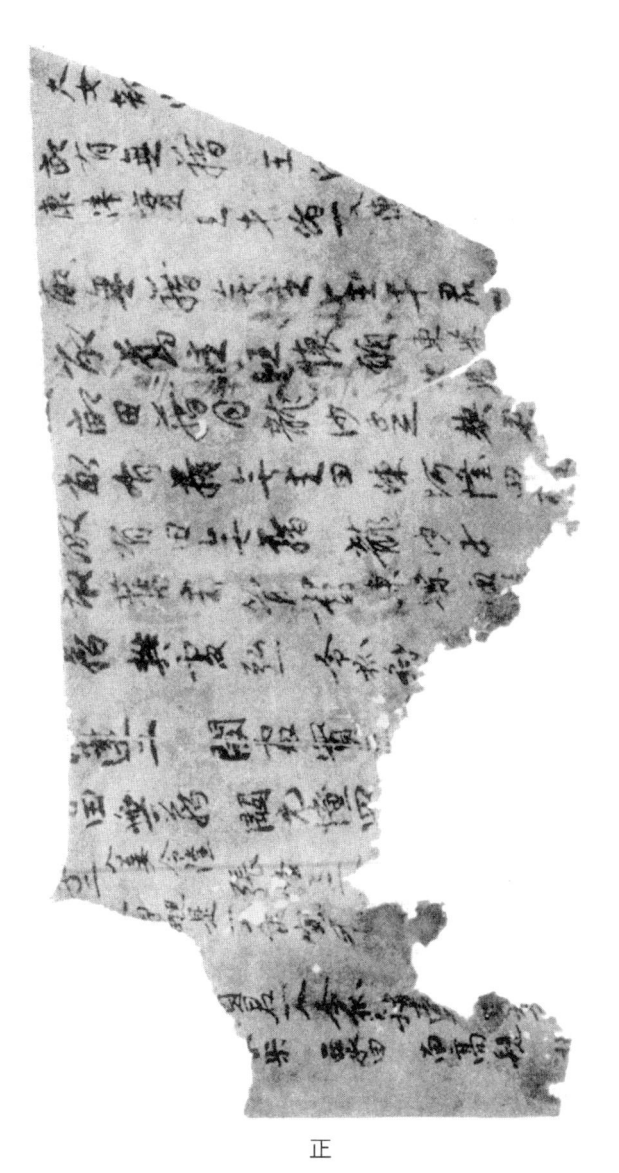

图版三八　图40　唐西州浮逃户残籍　王才绪等户（正面写）

背

图版三九　图 40　唐西州浮逃户残籍　王才绪等户（背面写麹才□残状）

三、遗物说明二：古文书写本（附钱币及碑志拓本） 097

正

背

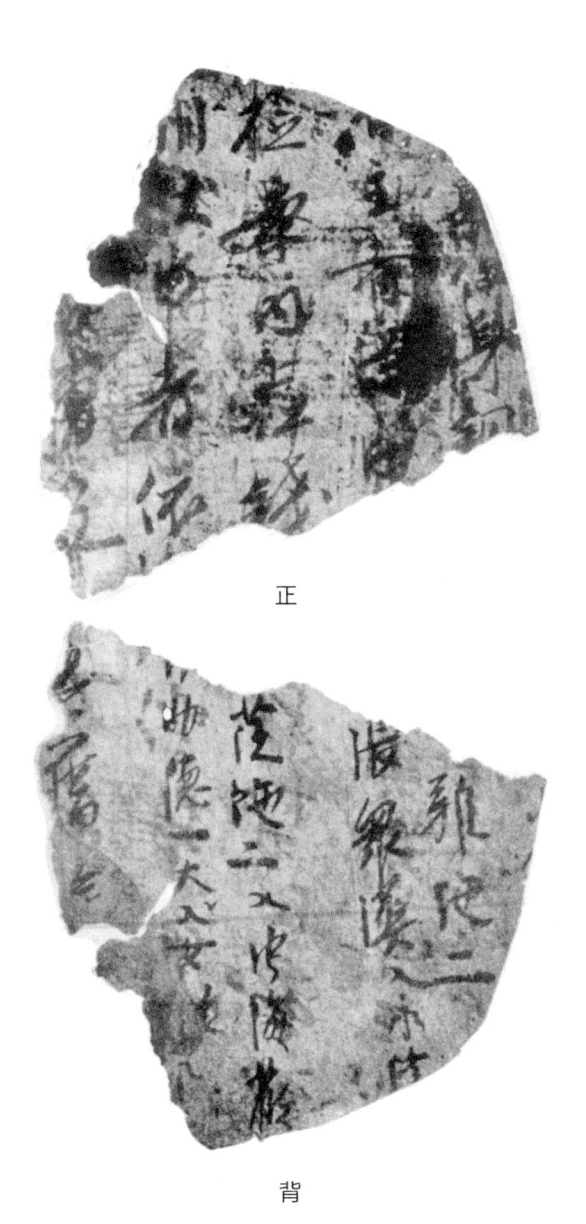

图版四〇 图 41 唐西州浮逃户残籍 张众汉户（正面写仗身钱课）

图版四一　图 42　唐西州浮逃户残籍　范近武等户，附一件图 43

图版四一　图 43

三、遗物说明二：古文书写本（附钱币及碑志拓本）　099

1. 麹仕行等户　图版三六，图37，高一七·二厘米，宽二五厘米。起"麹仕行"，讫"麹"。

2. 曹太仁等户　图版三六，图38，高一六·五厘米，宽一七·四厘米。起"一收"，讫"无籍"。

3. 冯䤱仁等户　图版三七，图39，高一九·二厘米，宽一八·八厘米。起"□善多"，讫"北道"。两面写。背面写"征收折冲阙钱仗身"等字。

4. 龙屈仁等户　图版十九，图23，高一八·七厘米，宽二五·五厘米。起"同龙屈仁"，讫"氾贞"。两面写。正面写□露二年残牒。

5. 王才绪等户　图版三八，图40，高一九·三厘米，宽三七·五厘米。起"大女"，讫"高媞"。两面写。背面写山府麹才□残状。

6. 张众汉等户　图版四〇，图41，高一一·五厘米，宽一三厘米。起"难陁"，讫"籍无"。两面写。正面写仗身钱课。

7. 范近武等户　图版四一，图42，高一三·五厘米，宽一三·七厘米。起"贞仁"，讫"点奴刀"。

8. 同上件背面附粘贴一纸、高宽同上。图43，起"三石"，讫"五日"。

以上八件，皆是浮逃户名册。根据残纸所写、知当时户籍混乱情形、约可分为四类：1. 有田无籍。2. 有籍无田。3. 有田无籍无主。4. 有籍无主无田。1、2两类是浮户。3、4两类是逃户。按唐代户籍之败虽甚于开元，而户口流亡，自武周时即已开端。据证圣元年李峤上疏，称："今天下之人流散非一，或违背军镇，或因缘逐粮，苟免岁时，偷避徭役。此等浮衣寓食，积岁淹年，王役不供、簿籍不挂，……非直课调虚蠲，阙于恒赋，亦自诱动愚俗，堪为祸患。"（《唐会要》八十五、八）西州远处边陲，自武周长寿元年恢复四镇以来、兵事屡起，人民因逃避徭役，流离转徙，但户籍仍旧，残纸中之有籍无主、无田多半由此。又在龙屈仁残纸中有"鲁㤿欢"，"㤿"为武周新制"臣"字，麹仕行残纸中有"田无籍合穟"，"穟"为武周新制"授"字；曹太仁残纸中"张长𡭠"，"𡭠"为武周新制"年"字，据以上数纸均为武周时所写。其他纸所写户籍，其书法大致相似，疑为一时之物。据此，是西州浮逃户在武周时必已检括一次。以上残纸所书、皆写检括时之户籍也。又图43附粘于范近武纸上有"三石二斗｜右从胐囝｜䜮叁拾｜拾陆｜伍日"等字，亦关于田亩记载，囝字为武周新制"月"字，是此纸亦为武周时所写。

（一四）状上括浮逃使残状　图版二，图4正面

此残纸出哈拉和卓旧城中。高一八·六厘米、宽二〇·四厘米。两面书写：一面写《孝经》"开宗明义章第"，在古籍校释中已有说明。又写阴阳书。一面写括浮逃使残牒，及"曾子侍至德要道"等词句。原为唐文书残纸，后人在上涂写《孝经》及阴阳书。此纸残缺过甚，现存五行。文云：

状上括浮逃使｜浮逃行客等｜称前件色等先……｜
……乡得里正粟感……｜……等可通如后捉获……｜……
二□壹囝廿八日史｜

此残状云："状上括浮逃使"，括浮逃使疑为官名，系当时派往西州办理检刮浮逃户籍等事者，与上件西州浮逃户残籍疑为一时

事。此件虽缺年号，但末尾一行，似为年月日，月字作㊉，与武则天所制新月字相似，疑亦为武周时所写也。

（一五）山府麹才□残状　图版三九，图40背面

此残状写在王才绪等浮逃户籍残纸背面。高宽同上件。起"二月"，讫"十六日"。文云：

二月十六山府麹才□……｜以状录申州兵曹……｜讫请下报谘文……｜依制揭文｜十六□

此残纸称"山府麹才□……以状录申州兵曹者"。州当指西州。兵曹为西州六曹之一。此盖山府麹才□催请西州兵曹回报谘文之揭帖。末尾"依制揭文"，"揭"疑为"撰"字，盖其首长之批语也。

（一六）山府分配地子残牒　图版四二，图44

此残件出吐鲁番哈拉和卓旧城。高一八厘米，宽二五厘米。起

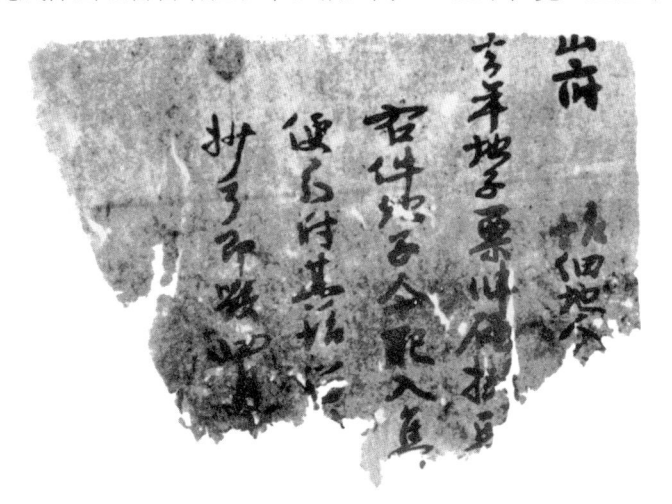

图版四二　图44　山府分配地子残牒

"山府"，讫"四月"，共五行。下半残缺。文云：

山府帖佃地人……｜去年地子粟肆硕捌……｜右件地子今配入焦……｜便分付其帖留……｜抄了即毁四月……｜

按《通典》云："唐制诸田不得贴赁及质，违者财没不追，地还本主。"（卷二，页八）据此是唐制口分永业田仍禁止买卖或典贴。此纸称帖佃人某某、今配入焦□□，疑为地还原主；或租佃客户之批示也。

（一七）张奉先残牒　图版四二，图 45

此件出吐鲁番哈拉和卓旧城。高一四厘米，宽二五厘米。经人裁截，现存一部分。起"张奉先"，讫"谨连"，共九行。现存上半截，下半被裁去。内有"寻检文契知错""赵（悟）那甘心伏罪"等语，盖为民间之诉讼案件也。

图版四二　图 45　张奉先残牒

三、遗物说明二：古文书写本（附钱币及碑志拓本） 103

(一八) 张孝威等残牒　图版四三，图 46

此件情形及出土地，与上件相同。亦被裁截。高一五厘米，宽一四厘米。起"张孝威"，讫"素负"，共六行。现存上半截之一部分。文云：

张孝威｜孙思亮辞为马奴子等负……｜辛礼爽追□｜牛思讷辞为王嘉礼负……｜唐钦祚牒为冯孝通负……｜赵思礼牒为范申素负……｜

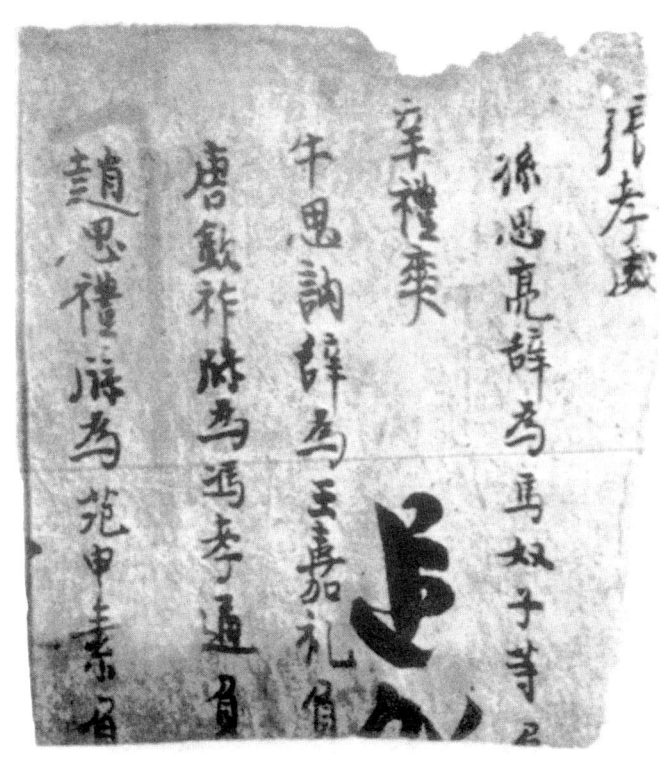

图版四三　图 46　张孝威等残牒

按辛礼爽下有大写"追□"等字，疑为法曹录事记录各项词状案由，经判官批示者。大写"追"字下或为"解"字，现尚存"解"字上部，盖追解所负欠之课物也。

（一九）女妇才子还麦残牒　图版四四，图47

此纸与上件同出土。高一四·八厘米，宽一六·五厘米，上下均有残缺。起"女妇"，讫"泛□贤"，共四行。文云：

女妇才子负僧法义麦二石四升│……付讫上者准状征
得各付本主讫谨│……年二月　日典马思│录事泛□贤│

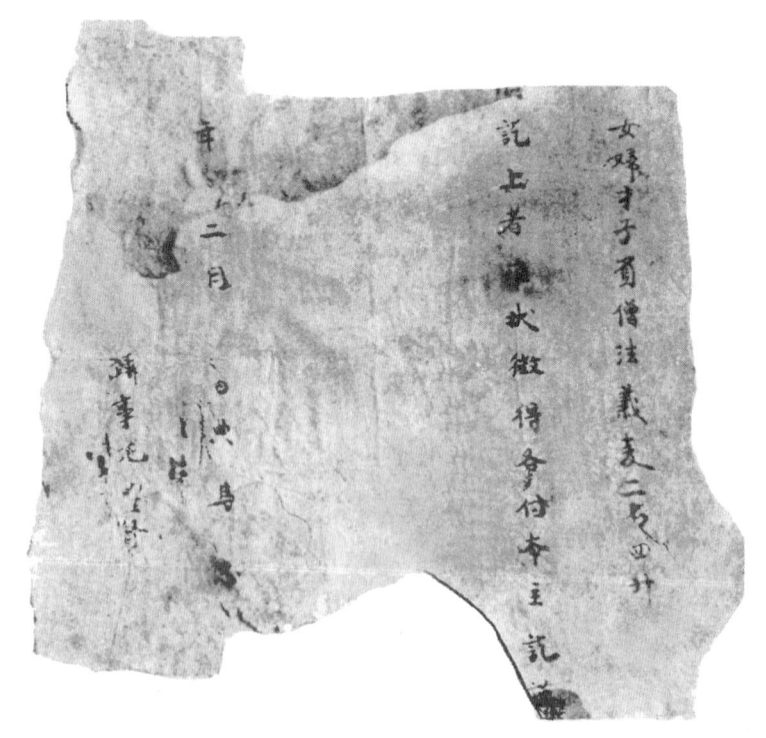

图版四四　图47　女妇才子还麦残牒

按唐代寺院，除有常住庄田外，僧侣尝置私田，营殖货利。此纸称"女妇才子负僧法义麦"，又云"征得各付本主讫"。其意盖云前借欠之麦，现在已归还本主。

（二〇）胡玄□残状　图版四五—四六，图48—49

此二残纸出吐鲁番哈拉和卓旧城中。两面写。

1. 图48，正面高一四厘米，宽一六·六厘米。起"胡玄□"，讫"乞处"，存五行。残破殊甚。现可识者：

胡玄□辞｜□城人任智远处租得……｜……当时开渠……｜……被州……｜望乞处

背面高宽相同，为上件之另一面。起"县司"，讫"自佃"，存五行。约云：

县司宜新……｜处租得□□……｜手力……｜……征来□……｜自佃……｜

2. 图49，正面高一一·七厘米，宽一六·三厘米，起"三月"，讫"任智"，存五行。约云：

三月拾……｜……□□琦（？）心素（？）……｜退本主任智……｜（下两行不明）

背面高宽相同、为上件之另一面。仅识：

正面

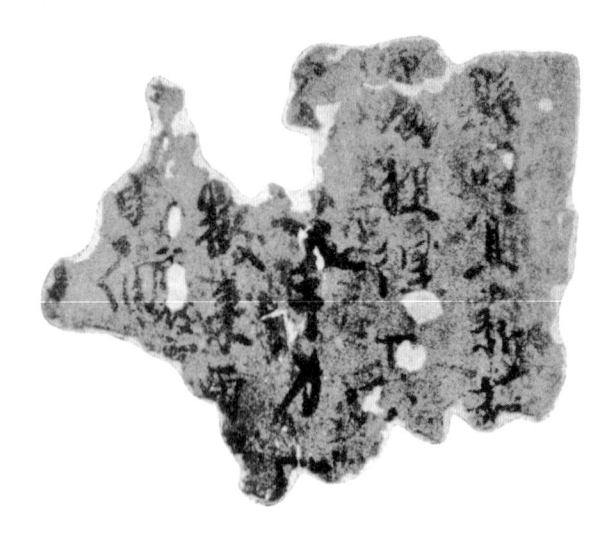

背面

图版四五　图48　胡玄□残状（背面写县司宜新却还租地状）

三、遗物说明二：古文书写本（附钱币及碑志拓本）　107

正面 　　　　　　　　　　　　　正面

背面 　　　　　　　　　　　　　背面

图版四六　图 49　胡玄□残状　　图版四六　图 50
（背面写县司宜新却还租地状）　　兵曹残状（两面写）

却还│其来不│全是任与所由│（下一行字不明）

以上两纸四面，皆属租佃还田之事。疑两纸原属一纸，正反书写，但残破殊甚。一面为胡玄口状辞，大致是前租任智远地，当时开渠种植，被西州令其退还本主，请处分。另一面是县司宜新却还租地事。其两纸笔迹亦相似也。

（二）杨真宝奴残状　图版四七—四八，图 51

此纸出吐鲁番雅尔湖旧城。高二一·三厘米、宽一九·五厘米。两面写。正面起"室家"，讫"致下"，共九行。草书残稿，钩乙涂抹殊甚，文义不可全识。约云：

……室家│生和女见在马行集与使同│居今为使人等谋赖陈誉（？）央（？）│县口鉴讫伊等羊（？）│口致被何福寿│首（？）共即下当行问过可且│取状今来口依口│口责│房口将件（？）口数（？）羚羊一口拴于岭│上谋赖口贼以致下口口│（余行已被涂去）

背面共三行，文云：

取状人杨真宝奴│右真宝奴年卅一岁无病系狠心站户│见在耳八渠住毕

此残纸两面所写，疑同写一事，正面是状词草稿，背面为取状人姓名年岁住址。狠心站、耳八渠，当是地名。此纸不具年月日，但站赤之制，创于蒙古窝阔台汗（见《元秘史》），此纸称狼心站，当写于窝阔台汗时代后，即十三世纪上半期后也。

（二二）屠行哈三批示　图版四九，图 52

此纸出吐鲁番雅尔湖旧城。高二六·六厘米，宽一六厘米，共六行。起"仰口"，讫"批行"。文云：

仰□下项人等依限到｜行如违治罪奉此　稀（？）使司付使朱彦成｜屠行哈三｜右仰｜六月　日批行｜

此纸不具年号，年代不详。所写疑为关于征收屠宰税事。哈三为人名，营屠宰业者。

（二三）丁丑社条章残纸　图版五〇，图 53

此残纸系新疆鲍尔汉先生赠送者。据云："出吐鲁番吐峪沟。"高二五·五厘米，宽二七·四厘米。起"一去"，讫"七月"，共十一行。文云：

一去丁丑年九月七日石倐卫芬倍社周｜而复始时敬教难再立欒章三人作社｜已向前社邑同丽不得卷（善）果□｜□□者罚｜好布壹段社家仕（使）用｜

　□社、官、　胡聚、耶　宋社官、　三十月倍｜□月曹社、官、冯平彡直宋、副、使　十二月玉、荣、录、｜□三、老、郭都、使来年正月安平直彡　刘彡孝□｜　□老、　二月赵满彡奴　朱晟彡子　□小君、　三月｜□　鞠宪彡子　尹国庆四月梁都兰歀　杨□｜君　五月安国义　何主石愿德　六月石□｜□□□□杨胡　七月何……｜……

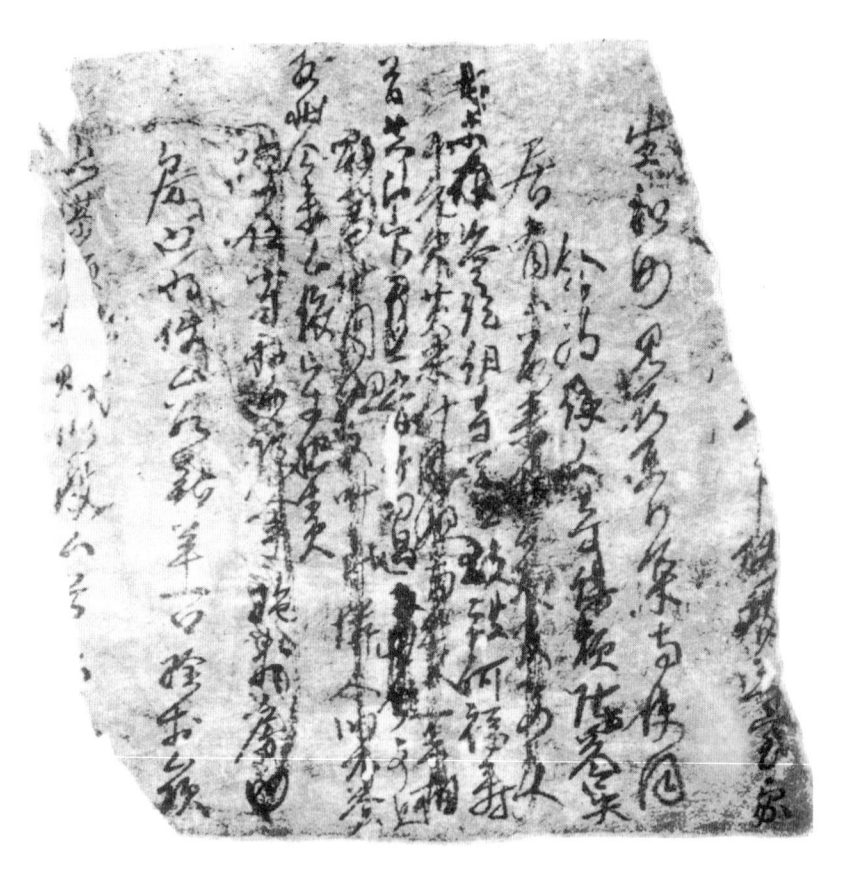

正面

图版四七　图 51　杨真宝奴残状（两面写）

三、遗物说明二：古文书写本（附钱币及碑志拓本） 111

背面

图版四八　图51　杨真宝奴残状（两面写）

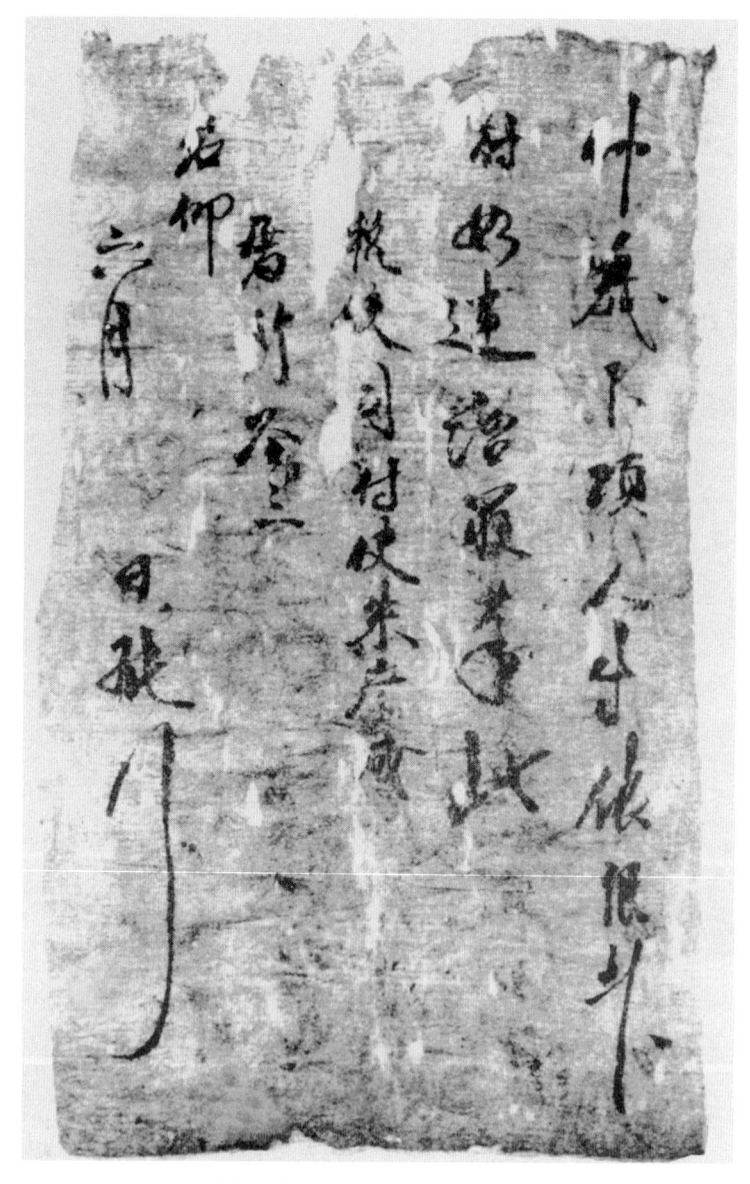

图版四九　图52　屠行哈三批示

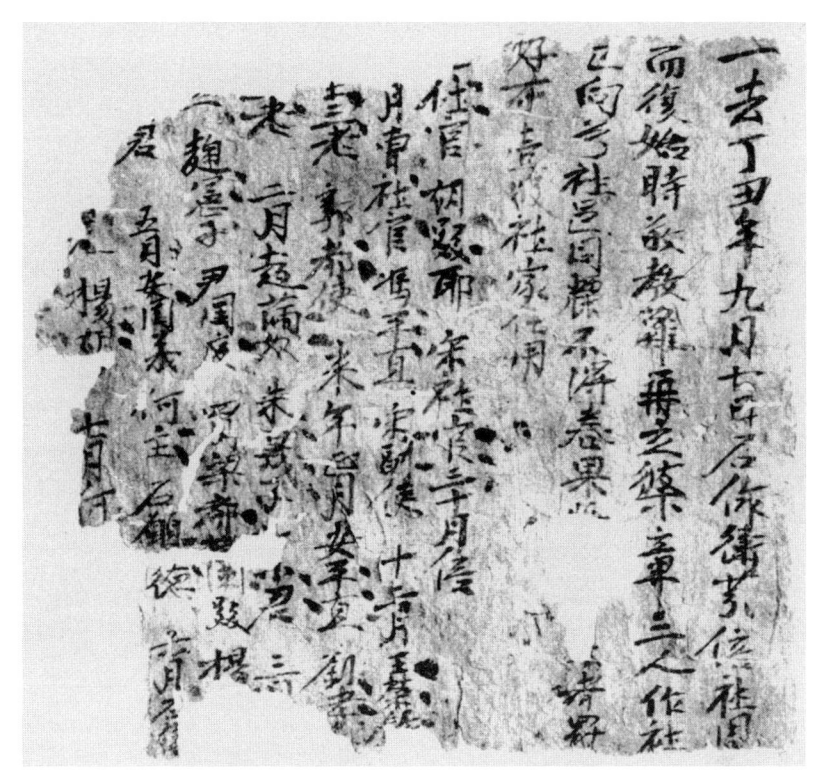

图版五〇　图53　丁丑社条章残纸

按此纸首书丁丑年，无年号，时代不详。首称："石倈卫芬倍社"，不知何义，颇类似社名译音。又云："时敬教难"，疑为宗教性组织。又称："三人作社"，"周而复始"。按系轮流分任社务之规定，每月三人值月，此纸自九月起，至来年七月止，每月正是三人。以下残缺。

(二四) 至元三年文书残片　图版五一，图54

此残纸出吐鲁番雅尔湖古城。高一一厘米，宽九厘米。存四行，起"调牢"，讫"狱□"。上下残断，用粗麻纸写。文云：

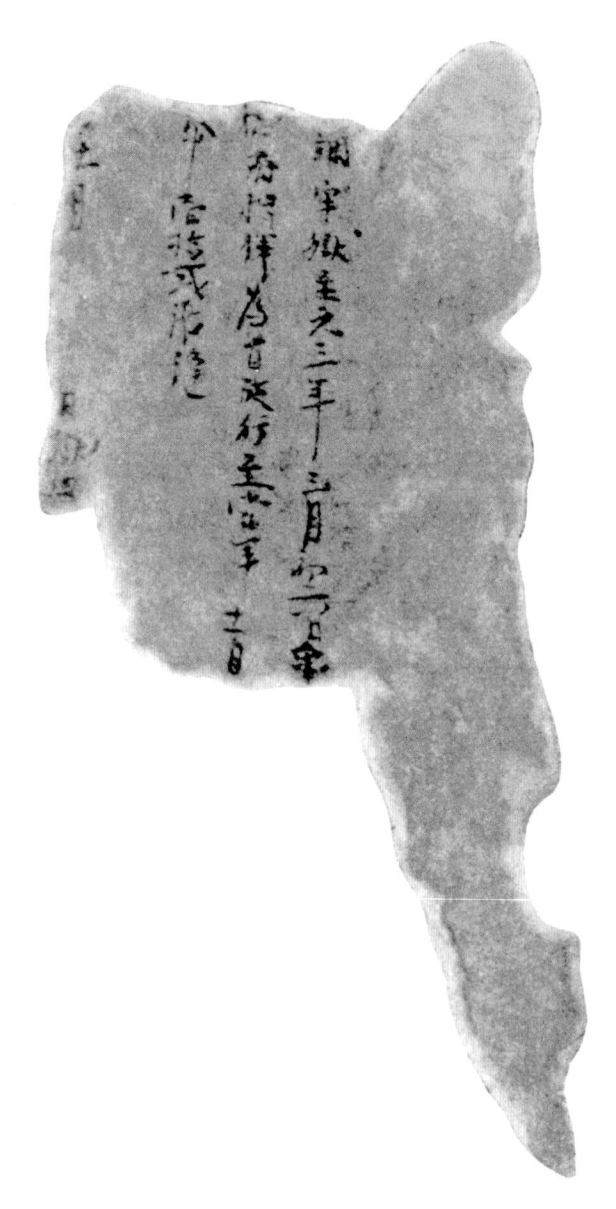

图版五一　图54　至元三年文书残片

……调牢狱至元三年三月初六日悉……｜□□府指挥为首施行至当年十一月……｜……舜壹拾贰张缝｜……十一月　日狱（典）血……｜

按此纸残缺颇甚，由首存"调牢狱"三字，疑为提控牢狱文书残纸。据《元典章》云："在中统四年准条奏在狱罪囚，须三日一次亲于牢内点视。若枉禁及淹延不决者，随即检举。月终录其囚数姓名、施行次第、牒送下决官仍报合属。"（卷四十，刑部二）此纸出吐鲁番，在元时已属于畏兀儿王国，但仍奉元朝政令，故其官方文书、仍用汉文格式也。

附：古钱币

(二五) 开元通宝铜钱　图版五二，图55

铜质，郭宽〇·二厘米，径二·四厘米，厚一毫米，重三·四克。出吐鲁番哈拉和卓古坟中。同时出土者，尚有波斯银钱一枚。据本地居民云："二钱含在死者口中，同时死者身上还覆盖一张绢画神像。"（图版五九，图61）据《旧唐书·食货志》云："武德四年七月，废五铢钱，行开元通宝钱。径八分，重二铢四絫。"按开元钱，品类甚多。正面文有左挑、右挑、双挑者，背面有甲文及星月文者。此品背面无文，唯正面元字次画左端微向上，即俗所谓左挑也。

(二六) 波斯银钱　图版五二，图56

银质，圆形无孔。直径二·六厘米，厚约一毫米，重三克。与开元通宝钱同出哈拉和卓古坟中。正面为王者半身像，大目高鼻，首戴高冠，冠上出两翅（初版误认作两角，今更正）。像两旁有古波斯钵罗婆文字。左旁是祷辞 GDH AFSUT（皇运昌盛）。右旁是王名 HUSRUI（库思老）。外有双线圆圈及星月文。背面中为火袄教祭坛，坛上有圣火。两旁有祭司侍立，祭司侧也有钵罗婆文字。右侧是铸币地点。据考证即 Fors 省 Bishapur，左旁是纪年，上半模糊，下半为□□BA，复原为 AREA 即四字。此币是库思老二世四年，公元五九三年法尔斯省百什波里所造。初版误释。今据夏鼐先生新鉴定改正。（详见《考古学报》一九五七年第二期）

（二七）高昌吉利铜钱　图版五二，图 57

此钱圆肉方孔。有边。直径二·五厘米，厚四毫米，重十二·五克。此钱在吐鲁番购入。据本地居民云："出哈拉和卓旧城中。"正面文为"高昌吉利"四字，方笔分书，读法自上而左回旋读之。背面光幕无文。正反均有边沿，宽约二毫米。红铜质，颇厚重。今此钱以高昌题名，必为高昌建国时代所铸。但以高昌为国号或王号者，有两时期。一为麹氏建国时期，当公元五〇〇年至六四〇年，麹氏称王高昌，一切制度，仿效中国，可能麹氏王朝铸有钱币，但据《北史·西域传》称："赋税则计田输银钱，无者输麻布。"（卷九十七、十一）尚无铸铜钱明文。一为元朝，回鹘人自九世纪中叶迁入新疆后，在吐鲁番建立畏兀儿国，至元时仍附属于元，一切制度政令仍遵奉元朝。据元虞集《高昌王世勋碑》称："元仁宗皇帝始封纽林的斤为高昌王，别以金印赐之，王印行诸内郡，亦都护之印行诸畏兀儿之境。"（《道园学古录》卷二十，四页）是畏兀儿亦都护兼有高昌王号，始于元仁宗（公元一三一一——一三二〇年）。则此钱或系十四世纪初期所铸也。其体制亦类元钱。丁福保《历代古钱图说》附于元钱之末，疑是。

三、遗物说明二：古文书写本（附钱币及碑志拓本） 117

正　　　　　　　正　　　　　　　正

背　　　　　　　背　　　　　　　背

正拓　　　　　　正拓　　　　　　正拓

背拓　　　　　　背拓　　　　　　背拓

图 55　开元通宝铜钱　　图 56　波斯银钱　　图 57　高昌吉利铜钱

图五二　图 55—57　古钱币

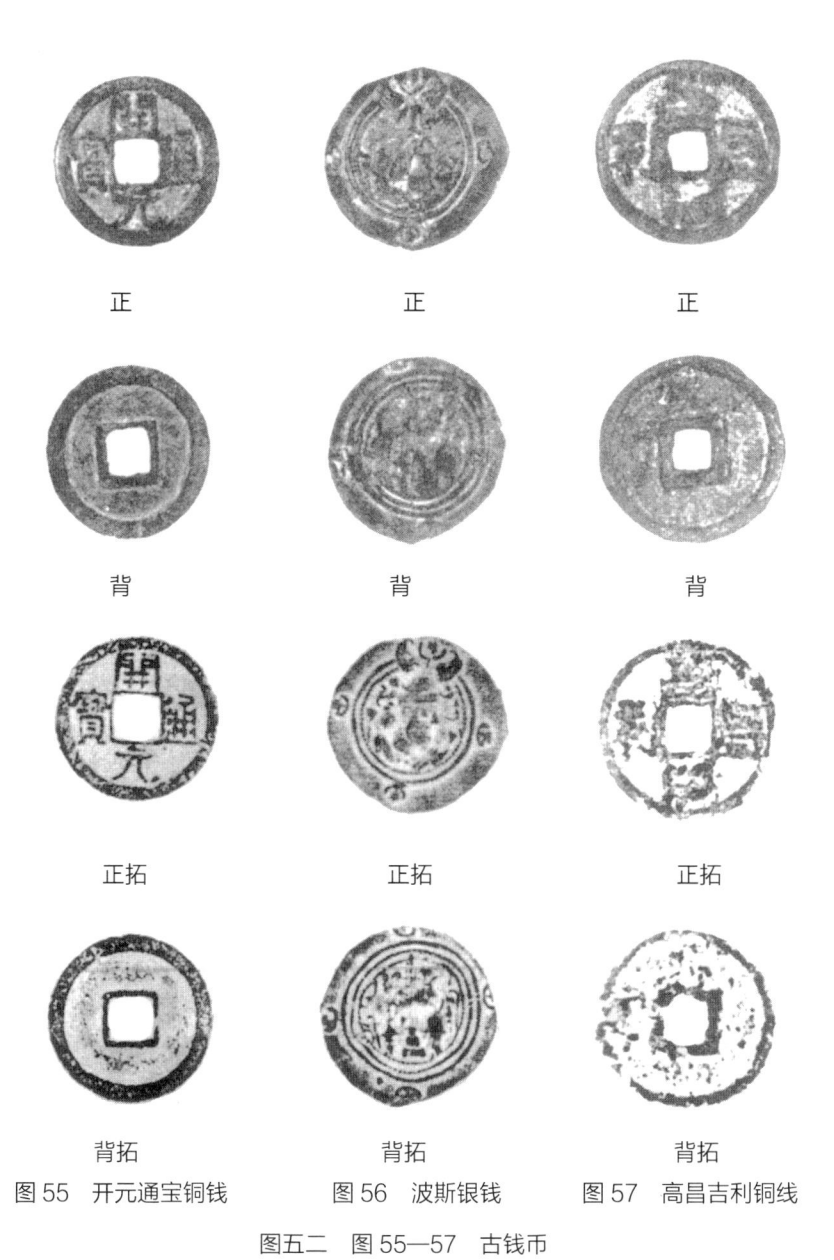

(二八) 至元通行宝钞　图版五三，图 58

此残钞共二件，一九二八年，在吐鲁番采集。今择其完整者录入。高三〇厘米，宽二二厘米。上额有"至元通行宝钞"六字。花栏内上半中为"贰贯"二字横书，下有钱文两串，每串拾百制钱，表示此钞两贯值制钱两千文。左右为蒙文，右下有汉文"字料"二字。左下有"字号"二字，均横列。下截为通行宝钞令敕和印造机关，原件字颇模糊，今参考《四朝币制》释之。文云：

尚书省｜奏准印造至元宝钞宣课差发内｜并行收受不限年月诸路通行｜宝钞库子攒司｜印造库子攒司｜伪造者处死（大字）首告者赏银伍定仍给犯人家□（产）｜至元年月日｜宝钞库使副｜印造库使副｜尚书省提举司｜

按《元史·食货志》云：

元世祖中统元年始造交钞，以丝为本，每银五十两，易丝钞一千两，诸物之值，并从丝例。是年十月，又造中统宝钞，其文以十计者四，……以贯计者二，曰一贯文、二贯文，每一贯同交钞一两，两贯同白银一两。……二十四年遂改造至元钞，自二贯至五文，凡十有一等，与中统钞通行。每一贯文当中统钞五贯文，依中统之初，随路设立官库，贸易金银平准钞法。每花银一两，入库其价至元钞二贯，出库二贯五分。赤金一两，入库二十贯，出库二十贯五百文。伪造钞者处死，首告者赏钞（按当作银）五

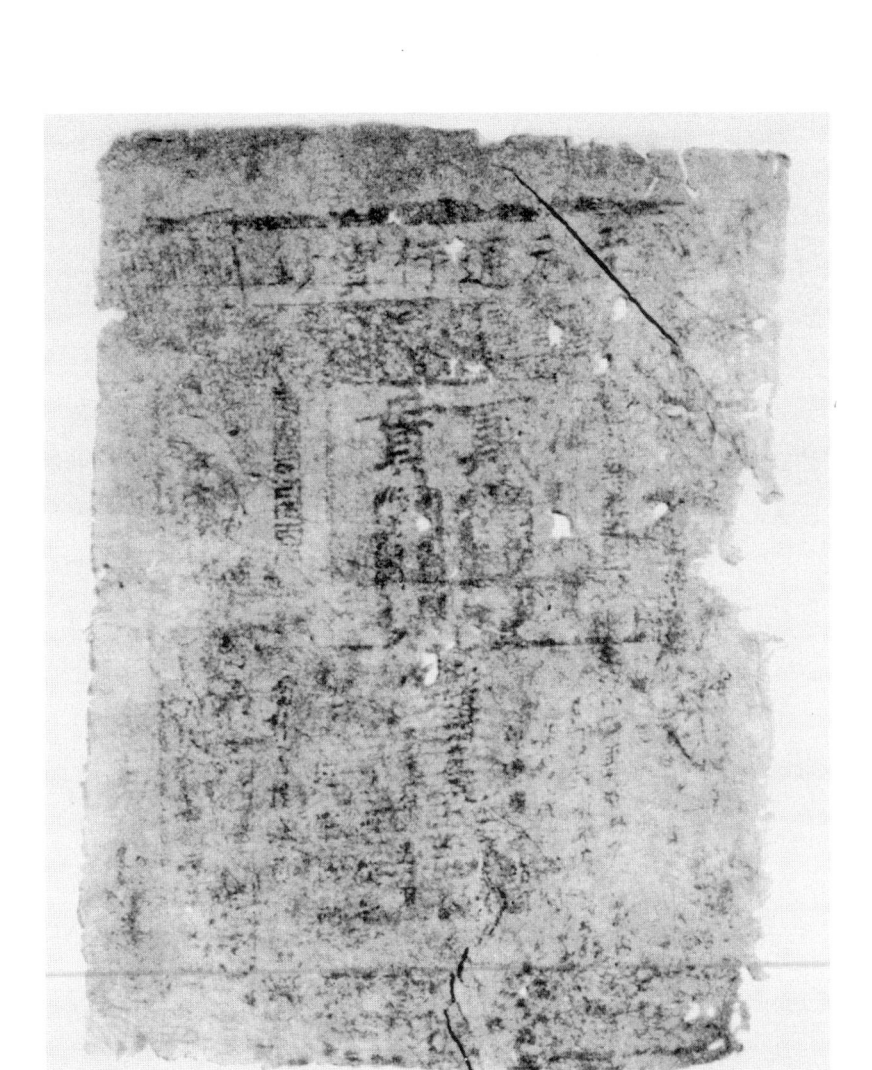

三、遗物说明二：古文书写本（附钱币及碑志拓本） 119

图版五三　图 58　至元通行宝钞

锭，仍以犯人家产给之。（《元史》九十三，二十一）

据此，是至元宝钞为至元二十四年以后所印行。至元钞与中统钞比率，则为前者五倍于后者。钞文称"尚书省提举司"。据《元史》八十五《百官志》：至元七年立尚书省，八年罢，二十四年复立，二十九年再罢，武宗至大二年复置，四年仍省入中书省。此钞称尚省，盖为至元二十四年至二十九年之间所印。又有"宝钞库""印造库"等官名者，据《百官志》云："至元二十五年改元宝库为宝钞库。""二十六年增大使、副使，设司库。"又设"印造宝钞库达鲁花赤一员……大使二员……副使二员……中统四年始置……至元二十四年，增达鲁花赤一人。"以上职官均附属于户部尚书。此钞所列官衔，有"宝钞库使副""印造库使副"与《元史·百官志》合。唯"宝钞库子攒司""印造库子攒司"乃因沿金源"兴定宝泉"格式，彼作"宝泉库子（押）攒司（押）""印造库子（押）攒司（押）"（《四朝币制》释五）。据《元史·百官志》在"印造盐茶等引局"条下称"至元二十四年……仍置攒典库子各一人"（同卷，页十三）。是元朝置"攒典库子"各一人，唯不见置"宝钞库子攒司"明文。按《元史·叶李传》："至元二十四年，李始定至元钞法。"（卷一七三、十六）是至元宝钞格式定于叶李。今至元钞与金交钞式样多相同，是叶李窃用金交钞式样以献之元者，故攒典库子犹用金交钞旧称也。吐鲁番在九世纪以后，虽属于畏兀儿，但在元时仍通行中国钱币。根据库车出土畏兀儿文卖地契、经冯家昇先生译出。文云："我为了需要在大都通用的钞币，我把我女婿他拨迷失园地卖与法苏都，言明中统宝钞八十锭

三、遗物说明二：古文书写本（附钱币及碑志拓本） 121

云。……"（见《古维吾尔文说明》）可证中统宝钞，在畏兀儿国为人民通用钱币，则至元宝钞亦为畏兀儿人所通用，可无疑也。

附：石刻拓片

（二九）宁朔将军麹斌造寺碑校记　图版五四—五七，图59

此碑旧存迪化将军署后花园内，有碑亭覆之。据云："原出吐鲁番三堡，宣统三年（公元一九一一年）农人犁地得之。以碑重难运，乃断为两截，中间损失若干字。运迪化后，初置于荷花池，后移至将军署，又损失若干字。建立碑亭时，又将两边碑文镶砌壁中，又失去两行。"我于一九二八年到迪化时，得见是碑、时值春冻未解，勉拓数纸，并抄录碑文。及一九四四年第三次到新疆时，碑已不知去向矣。

碑分阴阳两面，阳面为碑文，第一行为碑亭所压，不可见。根据旧拓，知存"宁朔将军"及"寺铭"等字，中阙七字。又据碑文，有"宁朔将军绾曹郎中麹斌"等字，阙者或为"绾曹郎中麹斌造"七字。罗振玉、王国维二氏所作本碑跋文，均作《高昌宁朔将军麹斌造寺碑》。《新疆图志·金石志》分作两碑，阳面题《北魏宁朔将军造寺铭》，阴面另题《北魏折冲将军薪兴令造寺碑》，并云："铭石出吐鲁番三堡，与薪兴县城西造寺碑陆沉一处，宣统三年五月，农人掘地得之，长二尺九寸，宽二尺三寸。"（《图志》二·二八）查《图志》所称阴面碑名，现新旧拓本并无此文，显与事实不合。今按原石实为一石，两面刻，阳面刻碑文，共三十一行，行三十八字，唯末行已为碑亭所压，据旧拓本尚可见"玄功"等字。唯《图志》所记铭之年号，则已不可见矣。阳面碑首有造像及题识，如云麹贞、麹暄、麹斌、麹仁，及高氏、使氏、孟氏、辛氏之像等

122 吐鲁番考古记

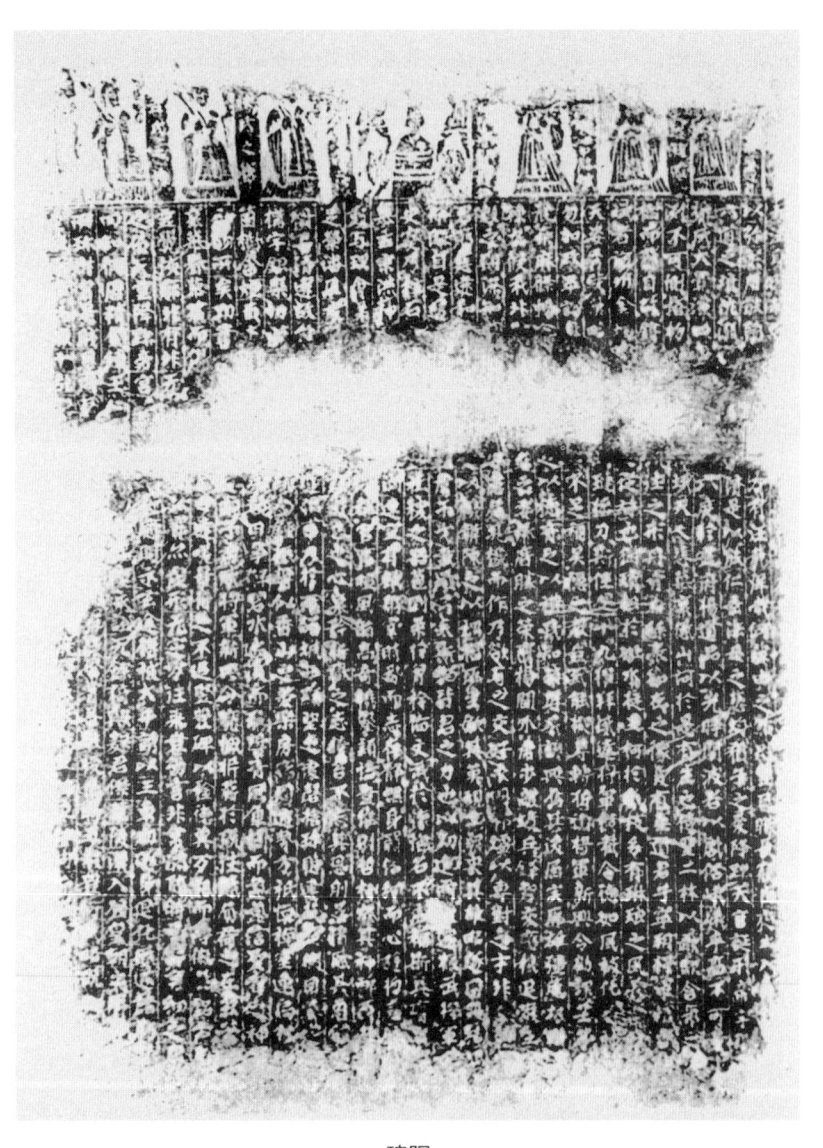

碑阳

图版五四　图 59　宁朔将军麹斌造寺碑新拓本

三、遗物说明二：古文书写本（附钱币及碑志拓本）　123

碑阴

图版五五　图 59　宁朔将军麹斌造寺碑新拓本

碑阳

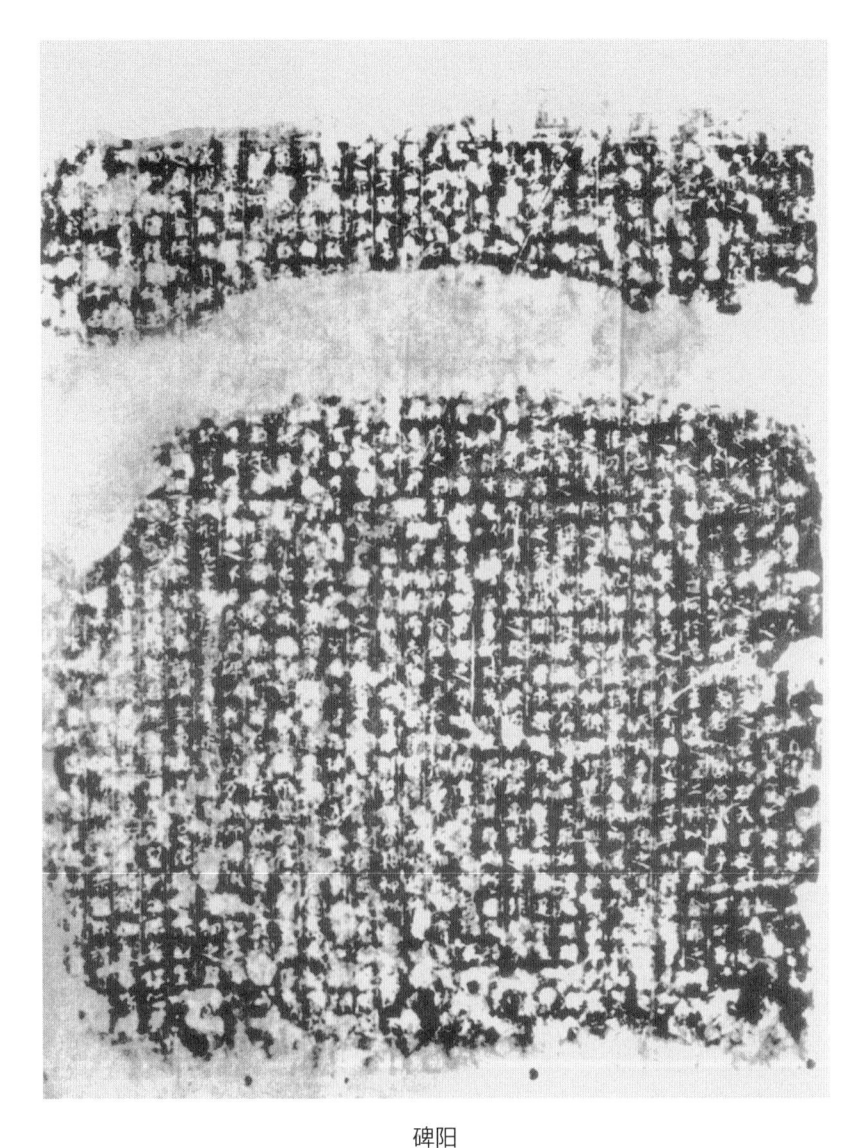

图版五六　图 59　宁朔将军麹斌造寺碑旧拓本

三、遗物说明二：古文书写本（附钱币及碑志拓本） 125

碑阴

图版五七　图 59　宁朔将军麹斌造寺碑旧拓本

字并像，虽有阙损，大致尚可见。像下为碑文，叙述麹斌事迹及造寺经过，碑首题"宁朔将军……造寺铭"。因碑文尾有铭文，故题称造寺铭。碑反面即碑阴，第一行现为碑亭所压，据旧拓为"□□元年乙亥岁，十二月廿三日"等字，检查碑文，为麹氏施舍寺产契约，刻于碑阴。后附题名，自高昌王以下，重要职官，均被题名，高昌官制，由此可见一斑。共三十一行，行四十一字，与碑阳造寺铭实为一事，并非如《图志》所云别有一造寺碑，与造寺铭陆沉一处也。唯碑阳作麹斌，碑阴施产契作麹斌芝，是否一人，虽难确定，但据契约中麹斌芝官衔为"折冲将军新兴令"，而碑阳述麹斌任内事迹，亦有"折冲将军新兴令"官衔。碑阴首述"□□元年乙亥"，据雅尔湖新出土高昌国墓志，高昌建昌元年，即西魏恭帝二年，是年正值乙亥。又据《北史·西域传》及《周书·异域传》，是年魏以田地公茂嗣为高昌王，本碑题名，首题高昌王麹宝茂，知元年即宝茂建昌元年也。麹斌为折冲将军新兴令，施产造寺，亦在此时，故斌与斌芝当为一人，斌芝或为其字也。碑阳铭词末行，现已残缺。但《图志》记录有"延昌十五年乙□岁，九月　旬刊讫"十四字，此是立碑年号。据碑文，立碑为麹斌嗣子麹亮，《图志》以延昌为北魏年号，在造寺前，实为错误。延昌为高昌王麹乾固年号，现已据写经残纸证实。延昌十五年正北周建德四年（公元五七五年），是年为乙未，故"乙"下阙字，当是"未"字。今据碑阳碑阴，麹斌施产建寺为建昌元年乙亥，未完工而麹斌死，其弟麹暄续成之。至其嗣子亮，乃竖碑。时在延昌十五年，距开始建寺之岁，已二十年矣。造寺竖碑之原委如此。

　　至此碑之内容及其重要性，罗、王二氏跋文中，已有详论。我在《高昌砖集》中所作《高昌麴氏纪年》及《高昌官制表》，大部分取材于此碑，信如王国维氏所说，此碑为研究高昌历史第一史料。唯罗、王二氏虽见此碑拓本，书中未将原文摹出。《图志》虽录原文，亦据旧拓，但摹写错误甚多，且将一碑分题为两碑，致失真象。今据记录，及拓本，并参照旧拓，与《图志》所载，详加校雠。凡《图志》所误者，悉为改正，旁以点为记。《图志》有，而为现拓本所阙者，注于其旁。可疑者、加问号。重为影印，以为研究西北民族历史之参考焉。

又《新疆图志·金石志·麴斌造寺碑》碑文中"新兴令""新兴县"等词，"新"上均加草头作"薪"。据碑阳之新旧拓本，"新兴"之"新"均无草头，字甚清楚。唯碑阴第七行"囗兴县城西"旧拓上似为"新"字有草头。二十九行"兴"上似为"薪"字，不甚清楚。行下"薪"字稍可见，但"兴"字模糊。按"新兴县"为高昌国城镇之一，当据碑阳作"新兴"，不作"薪兴"。《梁书·诸夷传·高昌传》列举高昌国十二镇名，其中有新兴，亦不作"薪兴"（卷五十四），《南史·高昌传》同。是"新兴"之"新"字不应有草头。此碑碑阴"新"字虽有带草头者，皆沿六朝别体字而讹，《图志》据以改地名，实误。

（三〇）张怀寂墓志铭校记　图版五八，图60

此石出吐鲁番哈拉和卓（汉名三堡）古坟中，坟在高昌旧城西北里许。《新疆访古录》云：

清宣统二年十月，巡检张清在吐鲁番之三堡掘取古迹，得张怀寂墓志……闻张清言："土人掘出张怀寂，尸身尚完好，修躯大首，覆以五彩丝缎。墓室以土筑，似城门洞，深四五丈，四壁及顶密画佛像五彩斑斓。尸不用棺，下荐苇席，尸前泥人泥马持矛吹号。尸旁堆积衣衾常御之物。"吐鲁番厅王秉章闻之，戒土人勿妄动，仍以土覆之。仅将此石辇归省垣，途中不慎，又残毁十数字，非复原拓之完善矣。

图版五八　图60　张怀寂墓志铭拓本

我于一九二八年到迪化时，得抚览此碑，碑砌于江浙会馆墙上，首末行字有残缺，即运迪化时所损毁也。正文共三十三行，行三十五字。首行题

　　大周故□□大夫，行茂州都督府司马□□□□□君墓志铭。并序。

文中称：

　　即以长寿三年，太岁甲午，二月己朔六日，庚申，葬于高昌县之西北旧茔礼也。

长寿为武周年号。故首称大周，而文中如天作𠆩、地作埊、年作𡎼、月作㊉、日作☉、臣作恧、载作𡙻、初作𡔈、授作𫍯、皆用武周所制新字。字颇整洁。时方春初、冰冻未消，余仅拓数纸，现闻碑石移存博物馆矣。是年夏初我赴南疆考察：路过吐鲁番时，即赴哈拉和卓访问张怀寂墓，本地人已不知墓之真确地点，据说，当墓初发现时，因墓中忽现一洞，本地人误失足陷入，见其中泥人泥马，及什物甚众，四壁绘画殆遍。碑石在墓门间。官厅闻知，取去碑石，复加封闭。但现在墓中已被盗一空，唯壁画尚存耳。

此墓志在《新疆图志·金石志》、罗振玉《西陲石刻录》均有摹录。以王树枏先生《新疆访古录》所摹碑文首尾完整无缺，以与现拓本相校，首尾之缺字，《新疆访古录》皆有。盖《访古录》据出

土时拓本，而余则据运迪化时被损毁之后所拓也。但以现拓本校《访古录》所载，大致无殊。唯有数字不同，想系《访古录》刻版时所误。例如都督麴湛，《访古录》"湛"作"堪"。第二十行之朝请大夫，《访古录》"请"作"散"。思蓼莪而号踊，《访古录》"踊"作"诵"，皆因刊刻而误。应按现拓本改正。兹将现拓本摹写付印。复以《新疆访古录》所载校补。现拓缺者，小字跨行写、旁加点为记。现拓模糊者，旁加点，《新疆访古录》及现拓均缺者作□。

三、遗物说明二：古文书写本（附钱币及碑志拓本）　131

宁朔将军麹斌造寺碑摹文　碑阳

宁朔将军麴斌造寺碑摹文　碑阴

张怀寂墓志铭摹文

四、遗物说明三：绘画及泥塑

（一）绢画伏羲女娲神像图说　图版五九，图61

此画系一九二八年，得于吐鲁番。据本地居民云："出哈拉和卓西北古冢中，当初发现时，此画覆盖死者身上，死者口中还衔二古钱。"一为铜质，上镌"开元通宝"四字，为唐初所铸。一为银质，无孔，上镌王者半身像，并刻有钵罗婆文字。据夏鼐考释，此币是波斯萨珊朝库思老二世四年即公元五九三年所造（详说明）。则此二钱均属公元六世纪末七世纪初遗物。故此画年代，当在七世纪上半期以后也。

画底为绢质。高一四四厘米，宽一〇二厘米。上绘二人像，左男右女，互相拥抱。两手扬起手执物，下部作两蛇相绞形。上绘一日形，日中有三足乌，下绘一月形，月中有树兔和蟾蜍。周围有大小不一圆点，或是星宿。皆用彩色绘出。

次说明画意。古人每于宫室或墓中，图绘古人事迹及传说。此画绘二人首蛇身交尾像，疑为一传说之摹写。盖古时传说："伏羲、女娲为远古二皇，蛇躯人首。"《楚辞·天问篇》首记其事，如云："女娲有体孰制匠之？"但未提明伏羲。至西汉鲁恭王余造灵

四、遗物说明三：绘画及泥塑　135

图版五九　图 61　绢画伏羲女娲神像图

光殿，始图画伏羲、女娲二人形貌于壁，后汉王延寿游鲁观灵光殿图画而作赋，如云："伏羲鳞身，女娲蛇驱。"（《文选》卷十一、九）伏羲、女娲二人形貌，见于绘画者，由此时起。但鲁灵光殿现已无存，二人形貌，则可由武梁祠石刻见之。武氏祠石室内，关于人首蛇身像，凡三见。一为石室一。右男像，戴方冠，衣缘领长袖，一手伸出，执曲尺向左，一手扪胸前，作授与状。左女像，戴五梁冠，衣与右同。一手伸出作接受状，皆有尾相交着，尾刻鳞纹。中有小儿双尾，两手曳其袖。旁题记云："伏戏仓精，初造王业，画卦结绳，以理海内。"（《金石索·石索》，下同）一为左石室四，一为后石室五，二石所刻，在结构上，繁简面背，虽互有出入，而题材内容与作风则与石室一大致相同。可决定为同一传说来源。石室一男像旁既题为"伏戏仓精"，伏戏即伏羲，则知戴方冠执曲尺之男像为伏羲。则左石室四，后石室五之男像皆为伏羲，因其冠服与手中所执皆相同故也。至于左女像是否为女娲，石室中未有题识，但三室所刻皆戴五梁冠，试查武氏祠石室所刻女人像，例如石室画像中曾子母、莱子母及妻，均戴五梁冠，由其题识，可以证明其为女像。由《灵光殿赋》以伏羲、女娲连举，其所绘男像，戴方冠者为伏羲，则与伏羲相对之女像，亦可证明其为女娲。因此、武氏祠所绘伏羲、女娲形像，与灵光殿所述者，基本相同，可能为同一传说之描写。今以《灵光殿赋》，及武氏祠画，证明此二半人半蛇两尾相交之画像、为传说中伏羲、女娲，亦可以确知矣。

但此画与武氏祠画相较，在服冠上，或不一致。此画头部残缺，而服饰方面如作缘领、短袖、细腰均与武氏祠所画不同。此或受时代及地域之影响，在绘画作风上、稍有不同也，但其构图意匠，则与武氏祠相同。

次说明伏羲手中所执及四周日月星辰之象。此画男像手扬起，手中执一曲尺形物，与武梁祠石刻大致相同。今据《两汉金石记》所述，解此三角形之曲尺为矩，所以画方圆也。引张埙之说云："曲尺矩也。所谓圆出于方，方出于矩也。"（《两汉金石记》卷十五）根据题词"画卦结绳，以理海内"之语，是传说八卦始于伏羲，而手中所执曲尺即其画卦之矩。《易通卦验》云："燧人之皇没，虙牺氏生，本尚芒芒，开矩听八，苍灵惟精。"（《御览》七十八引）纬书起于两汉之际，所述苍灵，即是题词之苍精。皆指伏羲。开矩听八，即以矩画八卦也。伏羲手中所执既为矩，女娲手中所执为何，尚无确证，《金石索·石索》四题识称："伏羲氏手执矩，女娲氏手执规。"亦有可能。

次说明四周日月星辰之象。此画上绘一日，日中有乌，三足，微残、横置。下绘一月，月中左绘一蛤蟆（古称蟾蜍），右绘一兔，持捧捣臼状，中间绘一树，均横置。四周绘有大小不一之圆点、或为星宿。盖日中有三足乌，月中有兔、蟾蜍，为古时之一传说。此传说起源于战国。《楚辞·天问篇》云："夜光何德，死则又育？厥利唯何，而顾兔在腹？"又云："羿焉弹日，乌焉解羽？"汉王逸注云："《淮南》言尧时十日并出，草木焦枯，尧命羿仰射十日，中其九日，日中九乌皆死，坠其羽翼。故留其一日也。"《楚辞·天问篇》是屈原游观楚先王祠庙所画而作，则日月传说，在战国时即已流传，且为绘画题材。至汉时运用更为广泛，祠墓中石刻，常刻传说中日月形象。如孝堂山第三石，左上有鸟作飞状，右有白兔持杵捣药状。孝堂山第八石日中有一鸟形作飞状向下，不见足。月中有蟾蜍，四足，作爬行状，身有斑点隆起，右旁有免作行状，身亦有斑点（《金石索·石索》三），是汉时日月传说均上承战国，唯月中多一蟾蜍。一九三九年重庆沙坪坝发现汉元兴元年石棺，在男棺前额，刻一神人擎日。日光中有乌，三足。女棺前额作神人擎月状，月中情状不明。但女棺后额，刻一灵蟾捣药状及一神人持树枝状，或系传说中之桂树。（《金陵学报》八卷一、二期，《巴县沙坪坝出土之石棺画研究》图二、三、四）如此二神人为传说中之伏羲、女娲，则在后汉时伏羲、女娲已与日月发生联系。此画作风，是男女二人合抱，日在上，月在下，星宿罗列两旁，较沙坪坝石刻，更为匀适而美丽。其意匠可能是以日月星宿表示天体，藉以表明伏羲、女娲为古之天神。

此画，在墓中发现时覆于死者身上。但死者为何覆盖此画？今不能有一确切答语，或与古人对于灵魂崇拜有关也。

（二）绢画佛教故事残片　图版六〇，图62

此残片出吐鲁番哈拉和卓旧城。高一二·四厘米，宽一八·八厘米。绢底、彩绘一佛教故事。现存一部分。左边似为坐像之残部，背光及坐像尚可看出。中间绘一魔鬼，张口，两手伸出，掌心出火；头大项细，身羸瘦露骨；遍身发火焰；两目怒张，头发竖立，眉出一眼，面向左边，疑描绘一魔鬼故事。头上绘云彩，用黑色线条组成。又用紫红色画莲花七瓣，四大瓣三小瓣，平齐骈列，或为佛座之残部。右边残缺，只见火焰及光圈一段。此画所用线条及设色，颇为柔和匀适，具有唐代手法，其时代亦约在唐时。

（三）纸本素描图案残片　图版六一——六二，图63—65

1. 此残件出吐鲁番哈拉和卓旧城。系在纸上用墨色线条组成、

四、遗物说明三：绘画及泥塑　139

图版六〇　图 62　绢画佛教故事残片

不着色。高二七·八厘米，宽三一厘米。类似画一鸟形，头部残缺。身足及尾尚完好。尾部上有一花枝，向上展开作半圆形。两足伏地，两翅微张。（图版六一，图63）

2. 此画亦为一鸟形。高二四·六厘米、宽九·四厘米。仅画一头部颈项及身一部分，缺尾及足。亦用黑色线条组成。其颈项旁，另绘两笔曲线条，但未画完。（图版六二，图64）

3. 又一素描残纸两面画。高二五厘米、宽九·五厘米。正面右边有一墨线栏，上绘类似莲花纹样，下垂带状纹两条。背面绘花瓣一团。但左边残缺、仅可见一部分。在花瓣中有细针眼。（图版六二，图65）

图版六一　图63　纸本素描图案残片

四、遗物说明三：绘画及泥塑　141

图版六二　图 64　纸本素描图案残片

正

背

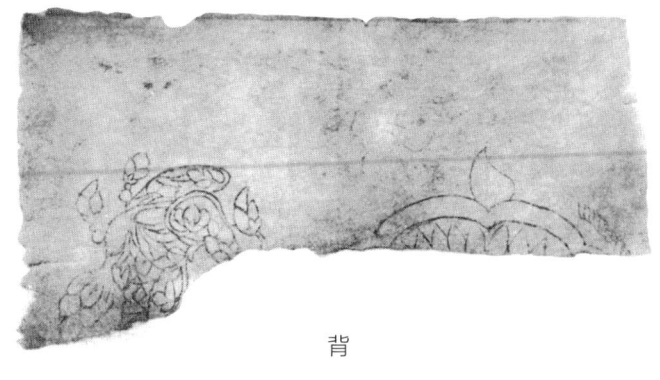

图版六二　图 65　纸本素描图案残片

以上三残片,皆为纸本,或作壁画及刺绣图案稿本之用。

(四)壁画千佛坐像残片　图版六三—六四,图66—67

此壁画佛像残片,出吐鲁番柏则克里克,第十洞后弄东壁。共有五件,所绘相同。原物无存。今取摹本二件作代表,说明于下。

1. 高二八·四厘米,宽二四·五厘米。为佛坐像,发作肉髻。张目。面用墨线勾勒,再加红笔渲染。衣作绿色,不袒胸。两手定印趺坐。座稍残。衣纹及手,亦系先用黑线勾勒,再加绿色渲染。头部圆光作红、绿、黑、白光圈,通身光作红、绿、白、浅红、蓝、黑光圈,疑此为贤劫千佛中之一佛也。(图版六三,图66)

2. 高二九厘米,宽二五·五厘米。出土地相同。面部、衣纹及趺坐作风,均同上图。唯此像衣纹用深蓝色勾勒,渲染浅蓝色,佛座作绿色,头光及通身光光圈均同上件。所绘亦为贤劫千佛中之一佛也。据《诸佛集功德华经》称:"千佛有三,一为过去千佛,以华光佛为首,下至毗舍,于庄严劫得成佛道。二为中千佛,以拘楼孙佛为首,下至楼至如来,于贤劫中次第成佛。三为后千佛,以日光如来为首,下至须弥相于星宿劫中当得成佛。释迦在贤劫千佛中第四成佛。"(《释迦谱》卷六引)此洞东西壁均绘千佛,骈比而坐,姿势均同,中塑释迦说法像,则所绘或为贤劫中千佛像也。又敦煌千佛洞北魏洞中所绘千佛相,多不袒胸,具衣、面、手均用红色渲染阴影,与此画同一手法。但此画时代,约稍后。(图版六四,图67)

(五)壁画比丘像头部残片　图版六五,图68

此壁画残片,出吐鲁番柏则克里克第八洞北壁。高一六·三厘米,宽一三·四厘米。现存头部及项部。面部均用墨线组成,面向左,合掌作敬礼状。头上不加冠饰,头部圆光作绿、白、红三色。

四、遗物说明三：绘画及泥塑　143

图版六三　图 66　壁画千佛坐像残片

图版六四　图 67　壁画千佛坐像残片

四、遗物说明三：绘画及泥塑　145

图版六五　图68　壁画比丘像头部残片

身部残缺，但犹留绿色痕迹。此画疑为《释迦说法图》中之比丘像残片也。

（六）壁画立像残片　图版六六，图69

此壁画残片，出吐鲁番柏则克里克第八洞南壁。高二〇·八厘米，宽一三·九厘米。为一立像。下部残缺，头具宝冠，发下垂及肩，头旁有类似花枝一片，眉目斜视，唇及下颔有胡须，两耳系珠下垂，两手合掌作敬礼状。天衣飘举。头部圆光作青、绿色，底刷红色。面部及两手用墨线条勾勒，衣带用蓝、紫两色组成。此画与图70、71均出第八洞南壁、其时代当较晚。

（七）壁画佛教故事残片　图版六七，图70

此壁画残件，出吐鲁番柏则克里克第八洞南壁。现存佛坐像半边，及一立人像。下有婆罗谜文墨书横写。佛坐像存右足部分，及右手腕部分，均用紫色线条组成。头部及身部均残缺。通身光作青、蓝、紫各光圈，显为佛坐像残部。佛座作高台形，乃仿秘宗曼荼罗式为之，元朝壁画或塑像佛座多类此。佛座旁，立一恶魔像，秃顶，发卷曲后垂，瞋目浓眉，张口露齿，两犬牙伸出向上，赤身，筋骨暴露，右手按膝，左手扬起第二指竖立作指出状，两足微作行状。审其画意，疑描写一佛教故事。

（八）壁画佛教故事残片　图版六八，图71

此画亦出吐鲁番柏则克里克第八洞南壁。高二六·四厘米，宽四〇·六厘米。仅存佛坐像及旁侍坐像之下半截，佛身及头完全残缺。现存跌坐足部，及背光一部分。佛座作高台形与上同，旁侍坐像缺头部。身有类似蛇纹缠绕，两足交叉而坐。右手抚膝，左手微扬起，第二指上竖作指出状。天衣披绕两腕。疑所绘亦为佛教故

四、遗物说明三：绘画及泥塑　147

图版六六　图 69　壁画立像残片

图版六七　图 70　壁画佛教故事残片

四、遗物说明三：绘画及泥塑　149

图版六八　图 71　壁画佛教故事残片

事，但因与图 70 佛座均作秘宗坛式，时代或较晚也。

（九）壁画佛塔残片　图版六九，图 72

此壁画出吐鲁番胜金口西北，至柏则克里克途中山腰之佛洞。高二六·六厘米，宽二九·二厘米。为塔上部，下当有塔基，已残。塔上出相轮，悬缯分披。《翻译名义集》云："僧祇云，佛造迦叶佛塔，上施槃盖、长表轮相，经中多云相轮，以人仰望而瞻相也。"（卷十《寺塔坛幢第五十九》）此画塔上所立之柱状物疑即长表轮相，惜上部微残，不见槃盖耳。画用紫绛色线条，配合深绿色，颜色调和，线条匀净。洵为壁画中之杰作也。

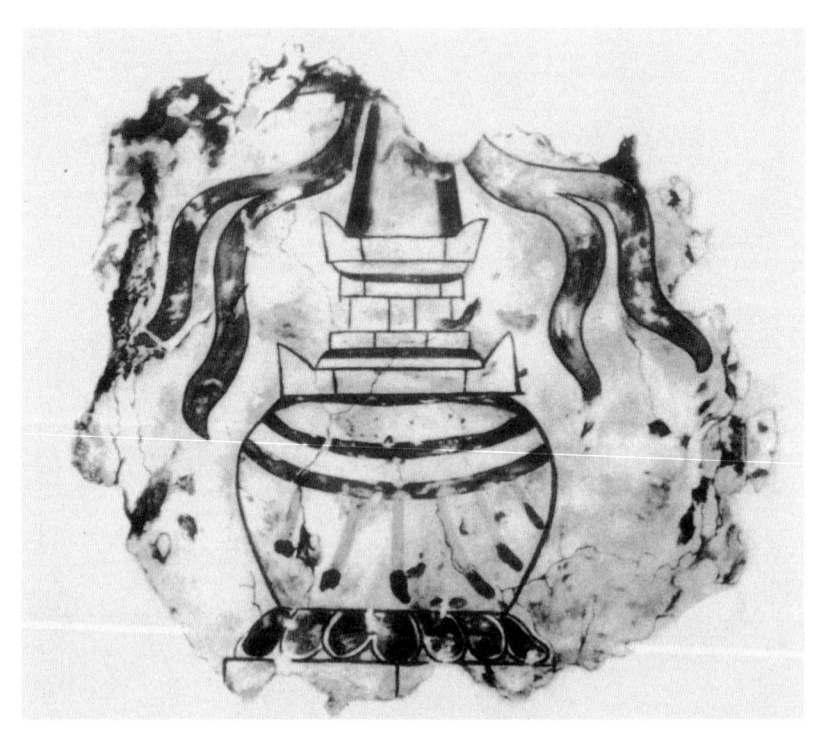

图版六九　图 72　壁画佛塔残片

四、遗物说明三：绘画及泥塑　151

（一〇）藻井图案残片　图版七〇，图73

此壁画出吐鲁番柏则克里克第七洞天花板上。高二四厘米，宽三三·五厘米。彩绘一类似莲花或宝相花花瓣展开形，花瓣分三层，外层八瓣，由白、紫、黑、黄，或白、紫、黑、绿色组成。在花瓣相连中间，透出花瓣尖部四片，黑、绿色各二。内层十二瓣由黑、白、浅紫、深紫组成。中间花蕊，在黑线双圆圈中，用绿色作圆点七粒。此类花纹在壁画中大多数用于天花板上，或组成带形为壁画边栏。

图版七〇　图73　藻井图案残片

(一) 壁画边饰残片　图版七一，图 74

此壁画得于吐鲁番胜金口至柏则克里克途中，沟东山腰之佛洞。高三一·一厘米，宽二九厘米。彩绘一幔帐式花纹，以红、黑色所组成，中饰缨络，下垂珠粒，旁系飘带，上绘一花瓣带，作栏。此类图案大多用于佛像，或众圣像上部作边饰，如《高昌壁画精华》所载五至八图上部，均有幔帐式图案可证。（以上九件图66—74 现原物无存，均根据当时摹本作代表说明也。）

图版七一　图 74　壁画边饰残片

(一二) 唐俑立像残件　图版七二，图 75—77

此唐俑三件，系我在吐鲁番时马君所赠。据云出于哈拉和卓张怀寂墓中。

1. 泥塑武士俑

高二五·三厘米，腰围一二厘米。头戴盔，身披甲衣，用白、黄、蓝、黑各色彩绘片状带纹，两手合拱及胸前，中有一孔，谅为持物之用。眉目唇须，用墨画，裳下两脚残。中有一木枝管心、为泥身支柱，下当有泥座承之，木柱即以入座也。惜座已遗失耳。我在焉耆大庙中曾掘得一天王像，头部残缺，身披甲衣与此像所绘相同。是此像作风脱胎于佛教四天王像，为西域描写武士一般风格。

2. 木型女俑

高二六厘米，腰围一一·三厘米。头部为泥塑，作高髻，尖顶。现尖顶已残，木柱外露。髻黑色与发一致。髻际贴以金箔，现尚见其痕迹。面部敷一层薄泥加白粉，作女形。项部已断，下露木身，两膀略突出，中有孔，想为接合两手之用。日人在哈拉和卓古坟中所劫获唐木制人型，有的手膀和胸部尚缠布（《西域图谱》雕塑15）。因疑此像身手原来着衣，并非附泥加彩，不过年久失落耳。

3. 木型女俑

高二三厘米，腰围一〇·二厘米。形制与上像相同。唯头略偏右。疑为宫女或死者姬妾侍立之状。此二像面庞丰盈，表露出唐代美女风格。头部作高髻，亦为唐代士女装饰。按此二件连前武士俑均出武周张怀寂墓中，墓志题识为武周长寿三年（公元六九四年），则此泥俑亦当在是时也。

图 75　　　　　　　图 76　　　　　　　图 77

图版七二　图 75—77　唐俑立像残件

图 75　泥塑武士俑　图 76—77　木型女俑

附录：

古维吾尔文说明

此次在吐鲁番所采集之古维吾尔文字，现存者共三十余件，内分写本、印本、石刻、壁画题识四类，谨分述于下：

（一）关于写本者共十八件

一部分系在雅尔湖旧城中掘出；一部分在吐鲁番搜集，出于哈拉和卓旧城中；另有一部分为袁复礼先生在迪化购入，以及由鲍尔汉先生所赠送者。大致为回鹘人所写各种典籍或文书。现尚未全译成汉文，特先付影印，以供专家研究。兹将其可知者略为介绍，以供专家参考。

第78图，为一小册书。宽一〇厘米，高九厘米，上下作红线栏。共七页十四面，每面七行。先用白丝线装订，再用青丝索锁口，俗称蝴蝶装，线索尚存。

第87图，为一长卷，长二七〇厘米，高二九·五厘米，计一二五行。上盖篆文朱方印十一处，文字相同。印共四行，每行字数不等。第一行疑为"大（?）福大（?）回鹘"五字。二行疑为"国中（?）书（?）省门下"六字。"中书"又似为"史署"二字，讫莫能定。三行末为"诸"字。四行疑为"宰相之宝印"五字。如接连

读之，应为"大（?）福大（?）回鹘国中书省门下……诸宰相之宝印"。似为一官印。但印在回鹘文文书上，可证回鹘人西迁至吐鲁番后，仍称大回鹘国，其官印文字，仍用汉文，形式亦同于汉。且其"门下""宰相"等官名亦沿袭中国，由此可以证明回鹘与中国在政治及文化上关系之密切。此卷颇具首尾，据冯家昇先生初步解释，可能是写摩尼教经。

第88（1—3）图，写在《维摩诘所说经注》之背面。汉文《维摩诘经》已在典籍校释中说明，其背面所写古维文、是回鹘人时代借用唐人写经线纸书写维文。据冯家昇先生初步解释，是历书，俟全文译出，当可决定。

第94图，系在库车搜购，共二件。一宽六一厘米，高四一·五厘米，有签押。一宽六〇·五厘米，高二四·五厘米。前件经冯家昇先生译出，系一卖地契。略云："余土尔迷失的斤（Turmis Tigin）需要在大都通用的钞币，我把我女婿他拨迷失（Tapmis）分内的耕地，卖于法苏都（wapsu-tu）。文书内言明，中统宝钞八十锭。……"末尾尚有十二人署名签押。详见《历史研究》第一期，此不赘述。但由其"言明中统宝钞八十锭"之语，可证元代钞币，已通行西域各地矣。

以上各件，除第94图为在库车所搜购外，其他各件，皆是在吐鲁番搜集者，现仅举其可识者，略作介绍。其他各件，因不识其名目，故亦不具举。但第79—85均系在雅尔湖旧城大庙后掘出者。第80图上印一朱色维文图章。第82图尾印一墨色维文方章，由此可知回鹘人除官印用汉文外，其日常则用维文名章或签署，不悉用汉文也。

（二）关于印本方面，仅得三件

第96（1—3）图，1.为折叠式。高二四·七厘米，宽二〇·三厘米，共二面，均为木刻画像，朱色。2. 高二四·七厘米，宽一二·三厘米，首有半面木刻画像，墨色。余面为维文。3. 高二四·七厘米，宽四一厘米。四面，面五行，均木刻维文。在三面及四面中缝，有汉文"十"字。初购入时，朱刻像与墨刻像合在一起，仔细审视，朱刻像与墨刻像同属一版，其刻文相同，旁均有"陈宁刊"三字，可证当时有用墨色印，有用朱色印，但图2像与文联在一起，必为一纸。图1像与图3文不相接，但其尺度纸色相同，可能是同刻一经，但中间有缺页耳。据冯家昇先生初步解释，为《佛说天地八阳神咒经》。第二件第97图高二九厘米，宽五四厘米，共四面，每面六行，共二十四行。上下墨线栏，内有二字对注梵文，但不知何义。第三件图98为一小块，尾也有汉文"十"字。

（三）关于拓片方面

第99图高七二厘米，宽五四厘米，为石刻拓本。此石刻在一九一二年前后出吐峪沟，后运迪化存政务厅，作油印机台石。我于一九二八年到迪化时，从油印机下取出，手拓数纸。原石今已不知去向矣。石一面刻古维吾尔文，共二十四行，首行有残缺，中间微有破损，大致文尚清晰可读。返北京后，询之德人葛玛丽女士（A. V.Gabain），据其初步解释，为"布哈里葛亦都克在高昌之克子尔重修庙宇事"，不知确否？有待于将来之研究也。

（四）关于古维文壁画题识方面

图101—109均是购自本地居民。据云为胜金口佛洞中出土，胜金口佛洞亦为吐鲁番佛教遗址之一。此类壁画，可能是寺庙内墙壁上题词，但其内容尚未诠释耳。

1

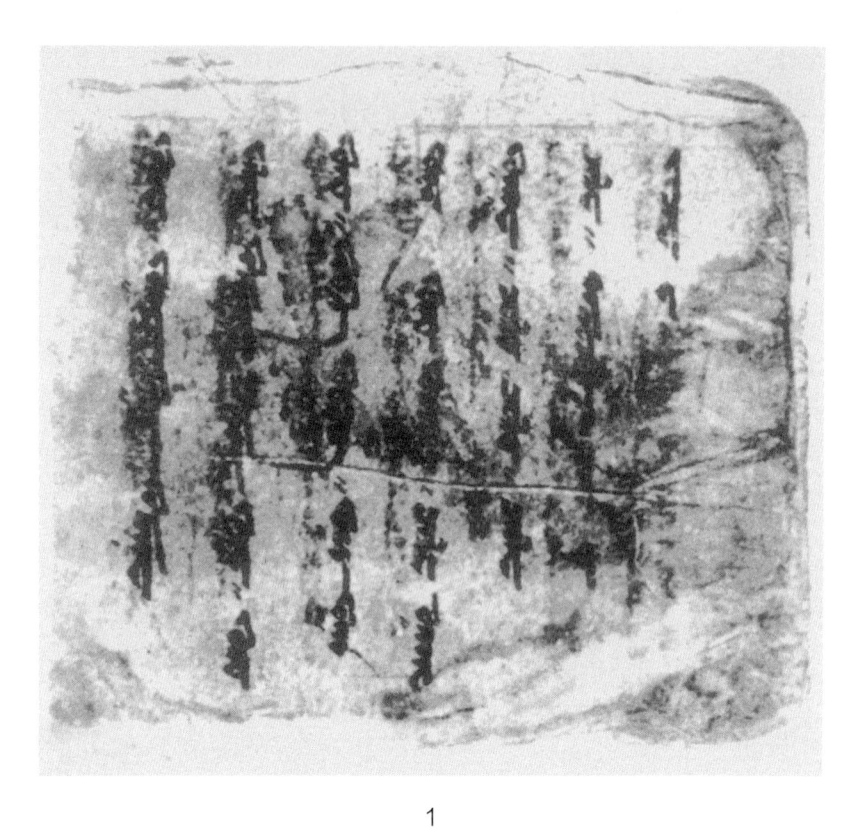

图版七三　图78　古维吾尔文写本

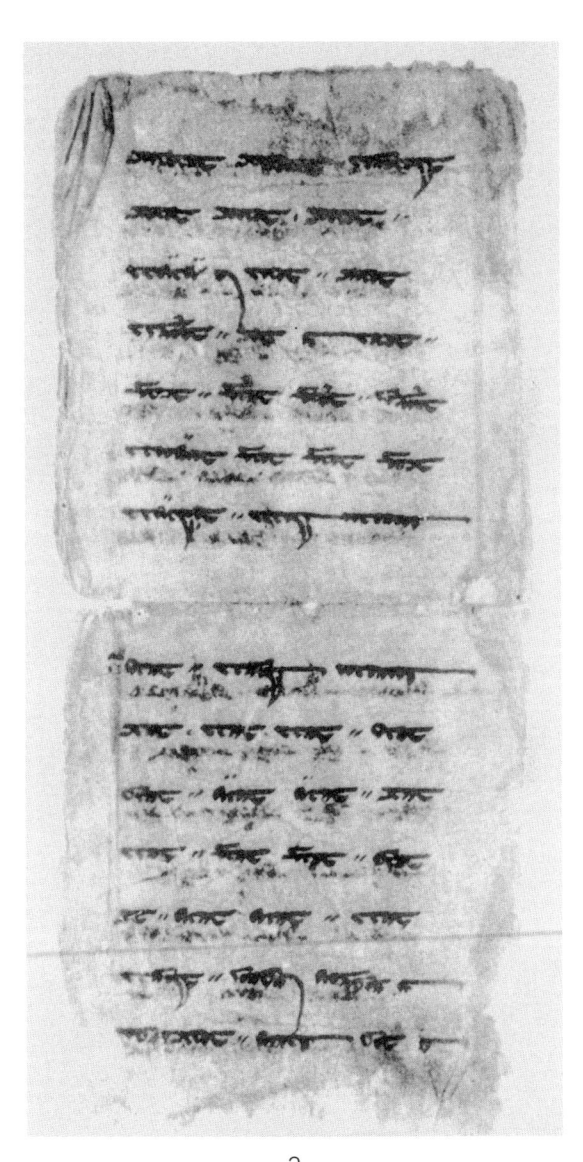

附录：古维吾尔文说明　159

图版七四　图 78　古维吾尔文写本

图版七五　图 78　古维吾尔文写本

4

图版七六　图 78　古维吾尔文写本

5

图版七七　图78　古维吾尔文写本

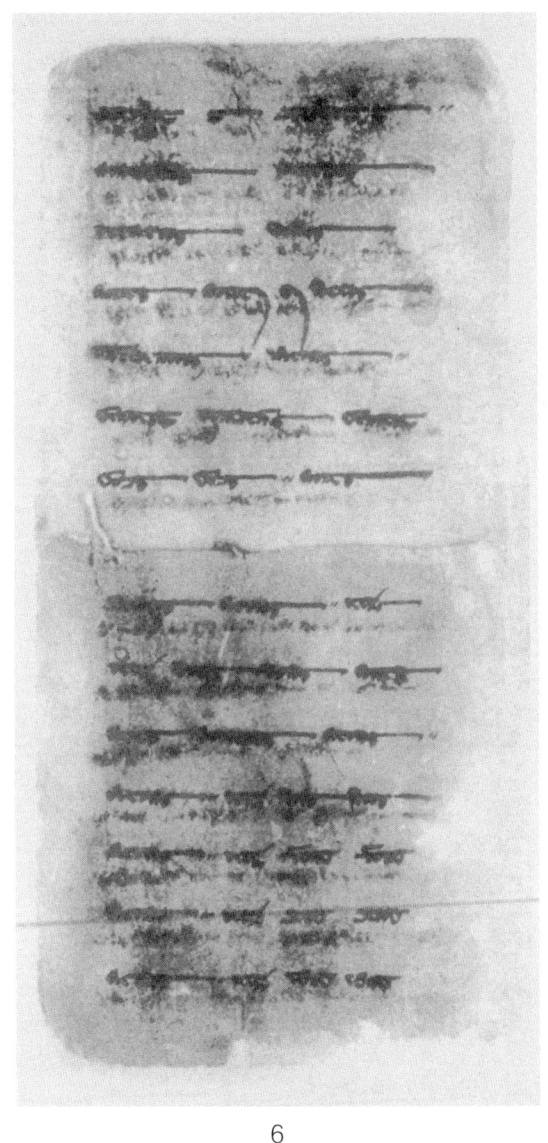

图版七八　图 78　古维吾尔文写本

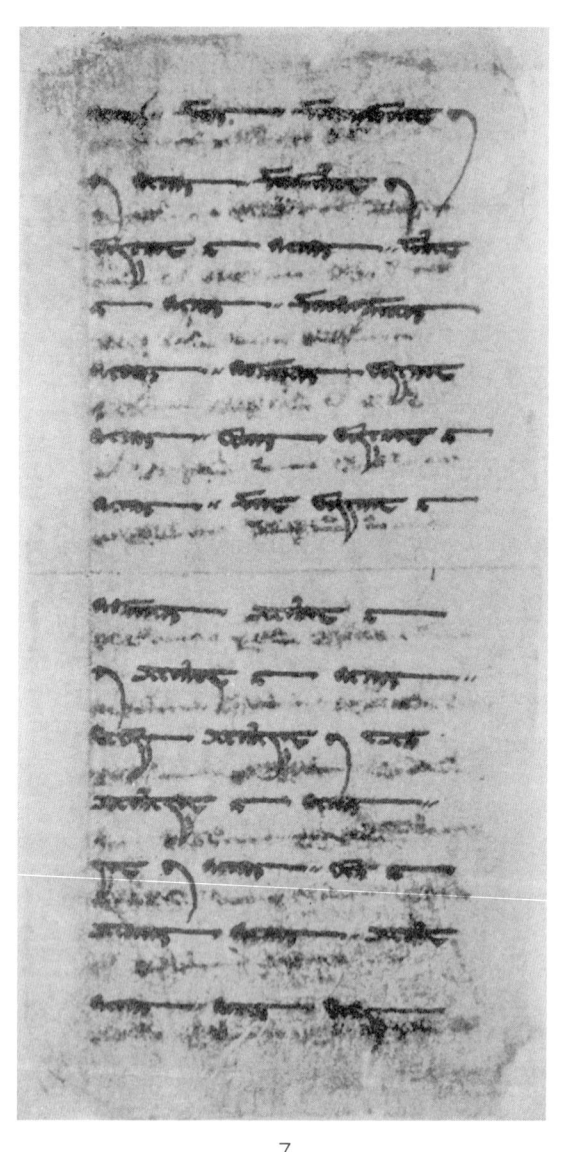

图版七九　图 78　古维吾尔文写本

8

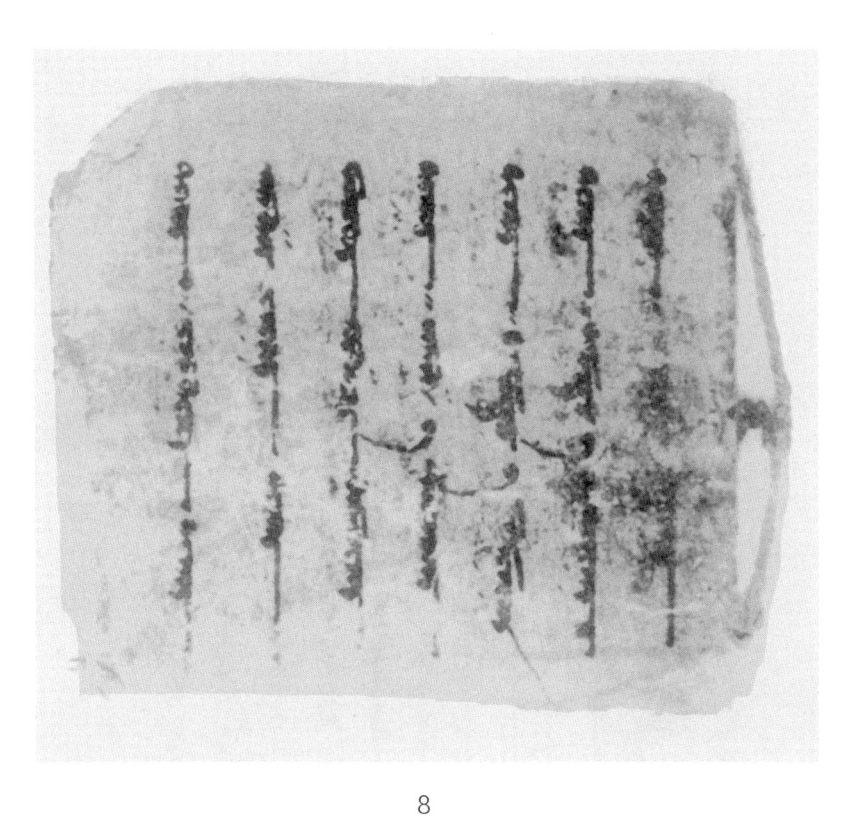

图版八〇 图78 古维吾尔文写本

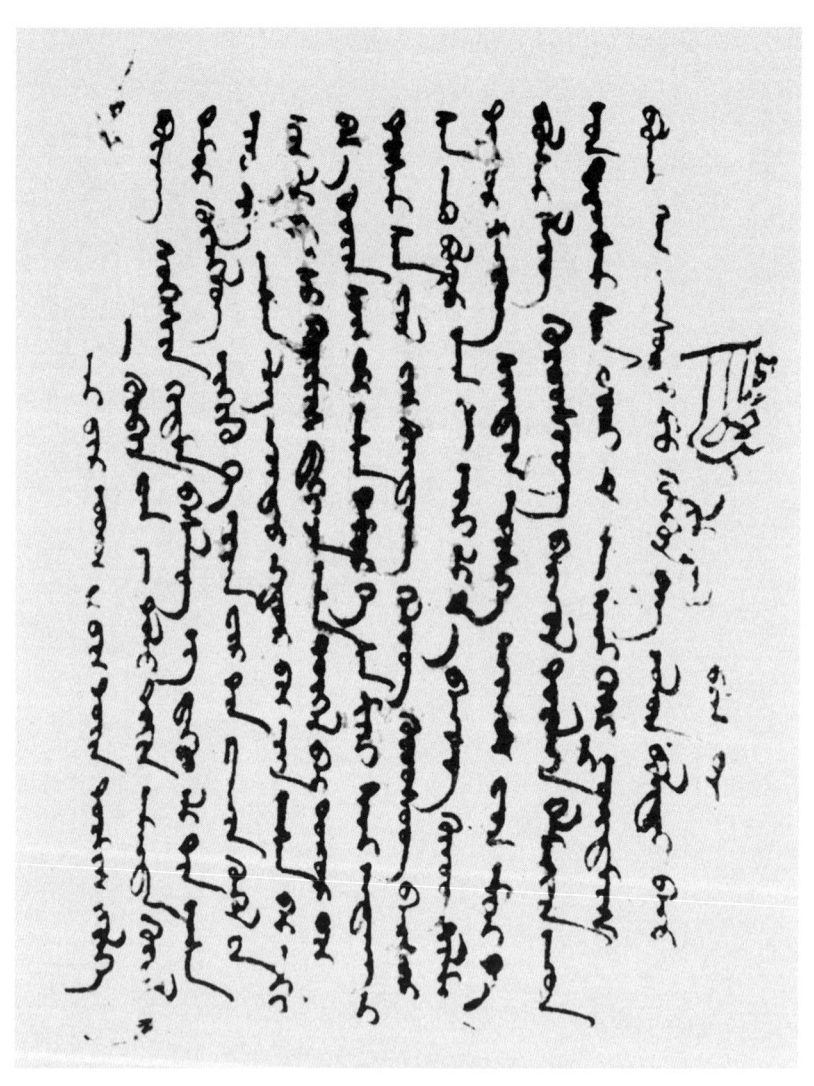

图版八一　图 79　古维吾尔文写本

附录：古维吾尔文说明　167

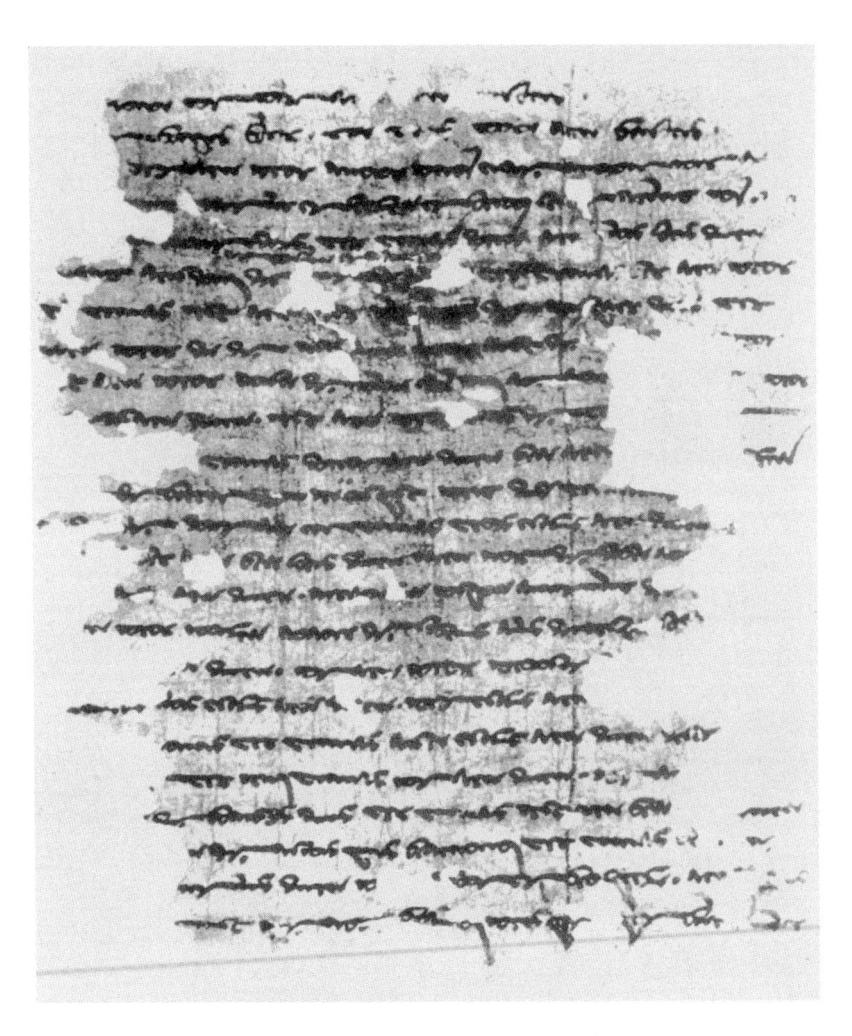

图版八二　图 80　古维吾尔文写本

正

图版八三　图 81　古维吾尔文写本（两面写）

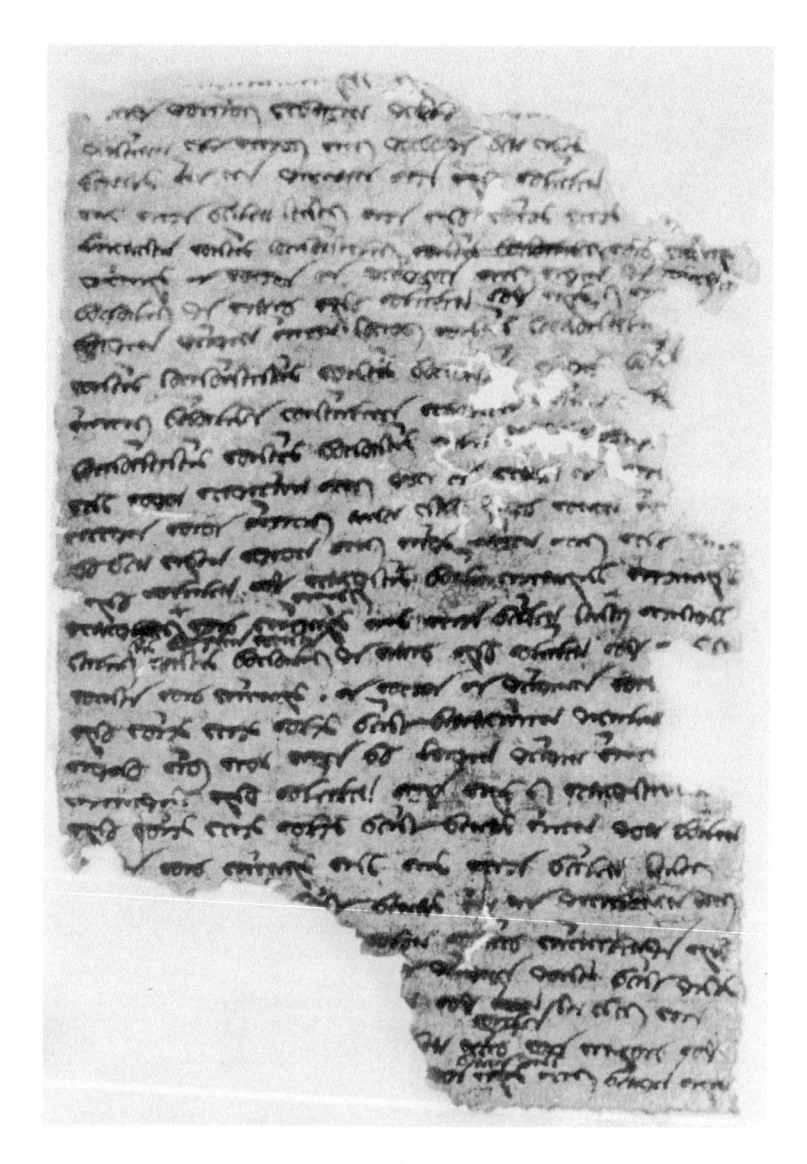

附录：古维吾尔文说明　169

背

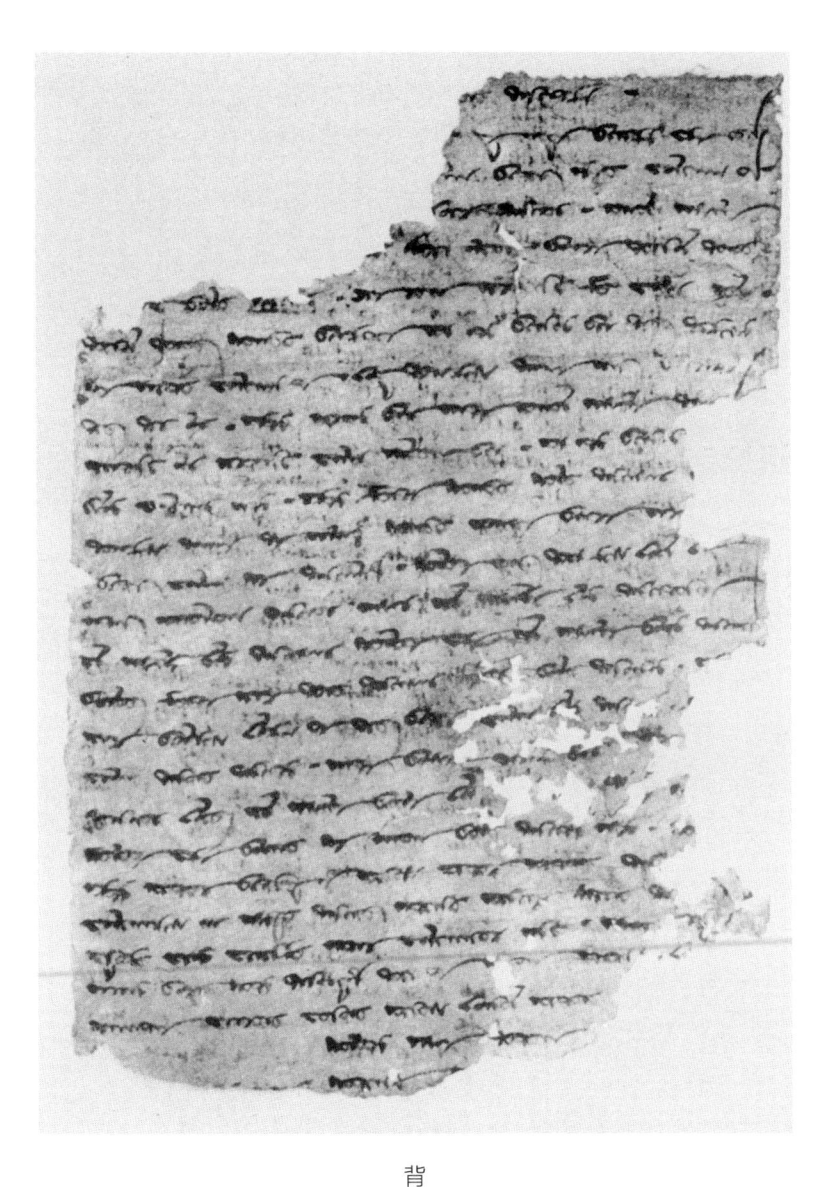

图版八四　图 81　古维吾尔文写本（两面写）

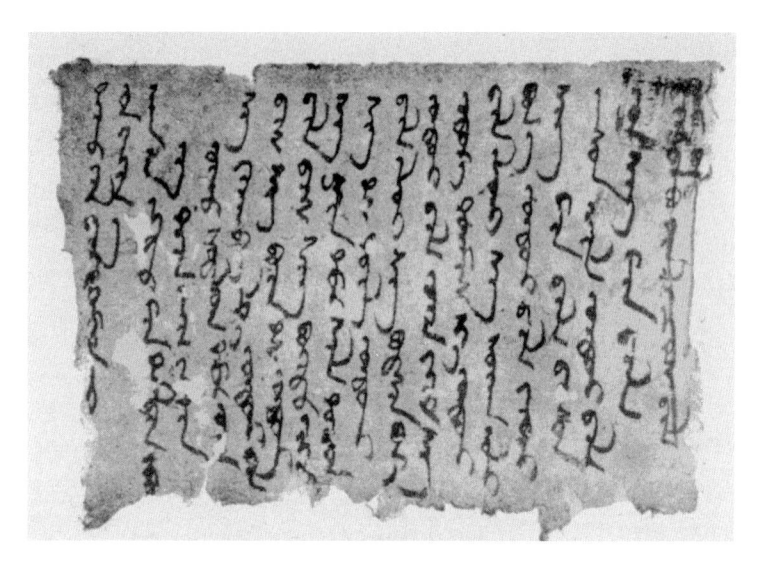

图版八五　图82　古维吾尔文写本

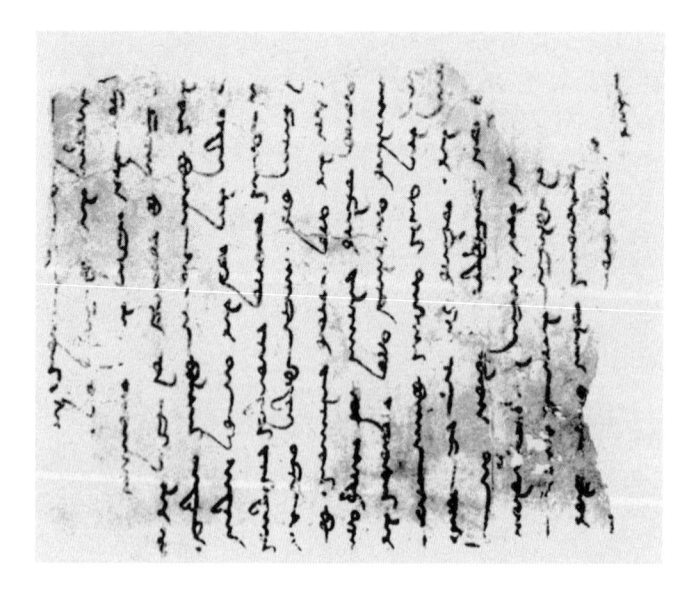

图版八五　图83　古维吾尔文写本

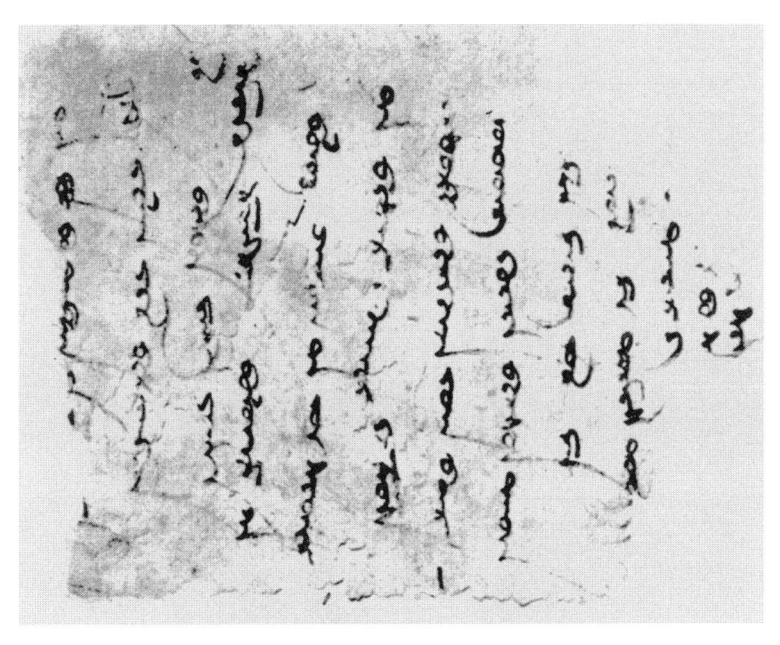

图版八六　图84　古维吾尔文写本

图版八六　图85　古维吾尔文写本

正

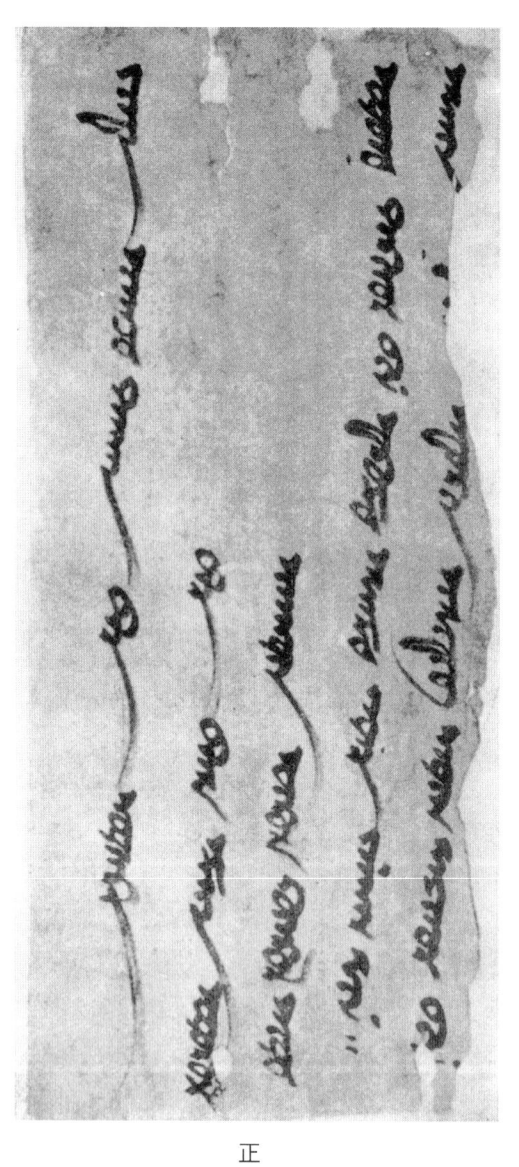

图版八七　图 86　古维吾尔文写本

附录：古维吾尔文说明　173

背

图版八八　图 86　古维吾尔文写本

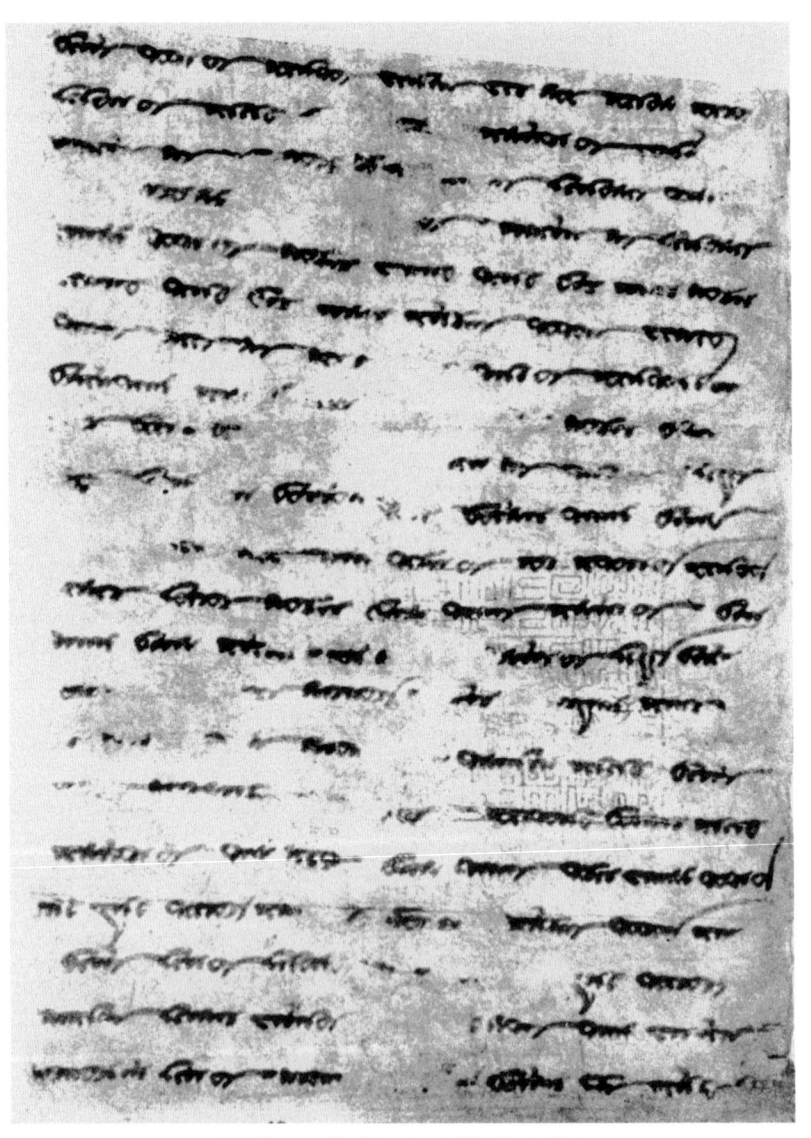

图版八九　图87　1. 古维吾尔文写本

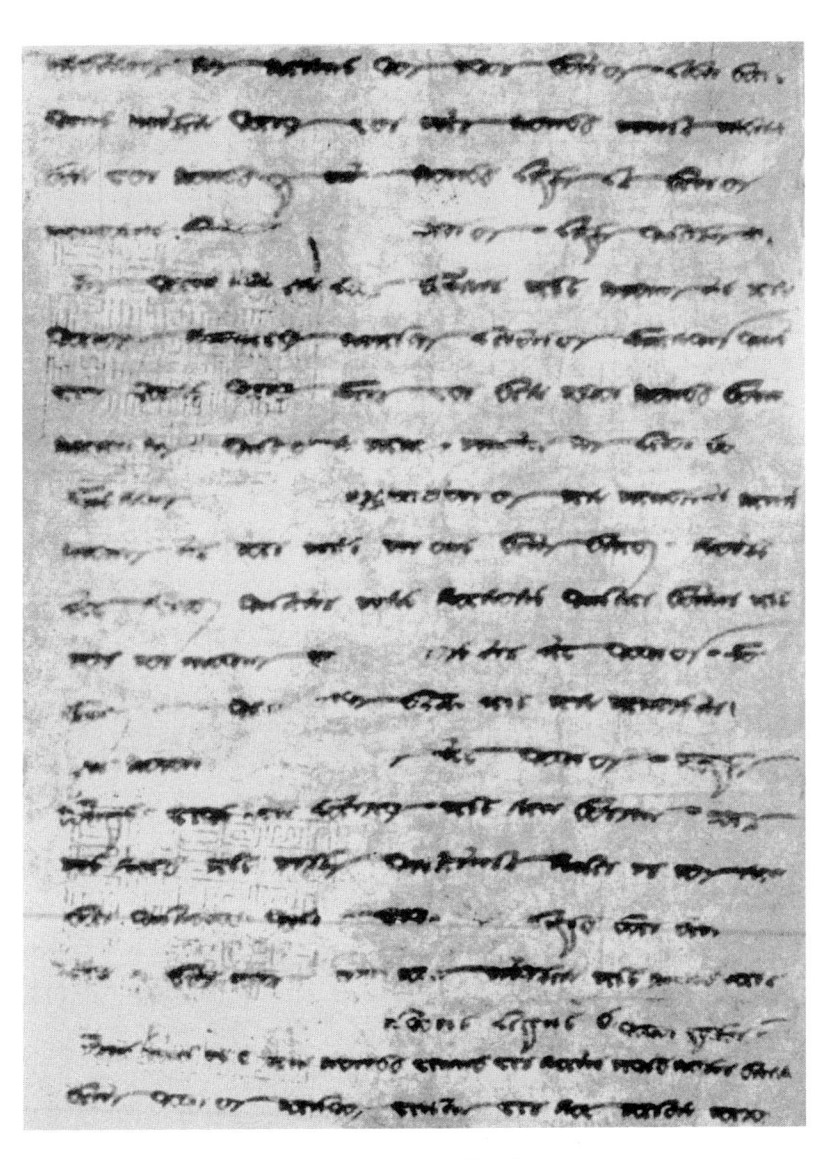

图版九〇　图 87　2. 古维吾尔文写本

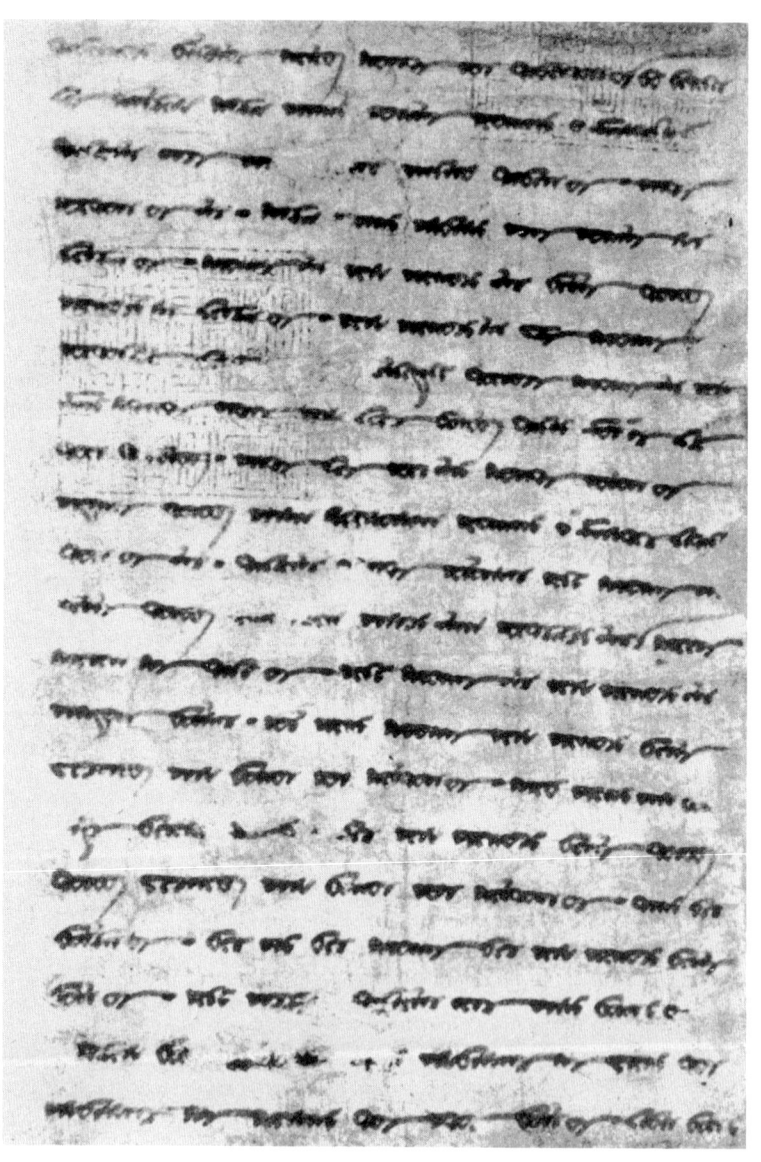

图版九一　图87　3. 古维吾尔文写本

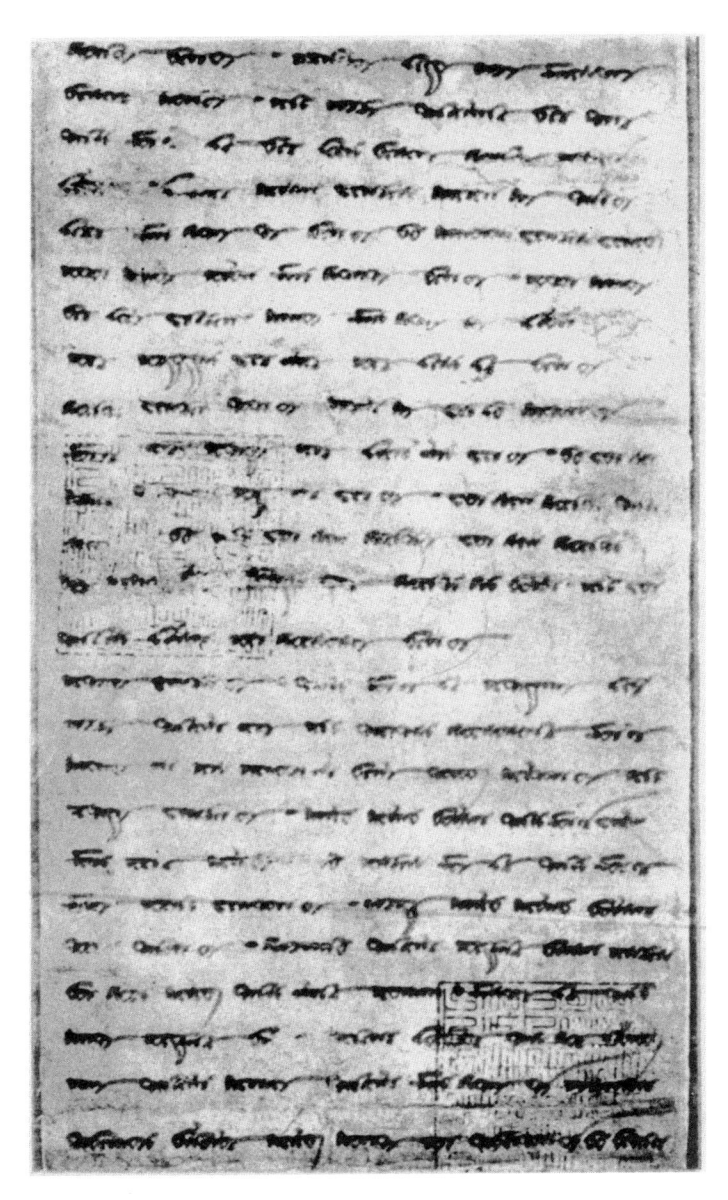

图版九二　图 87　4. 古维吾尔文写本

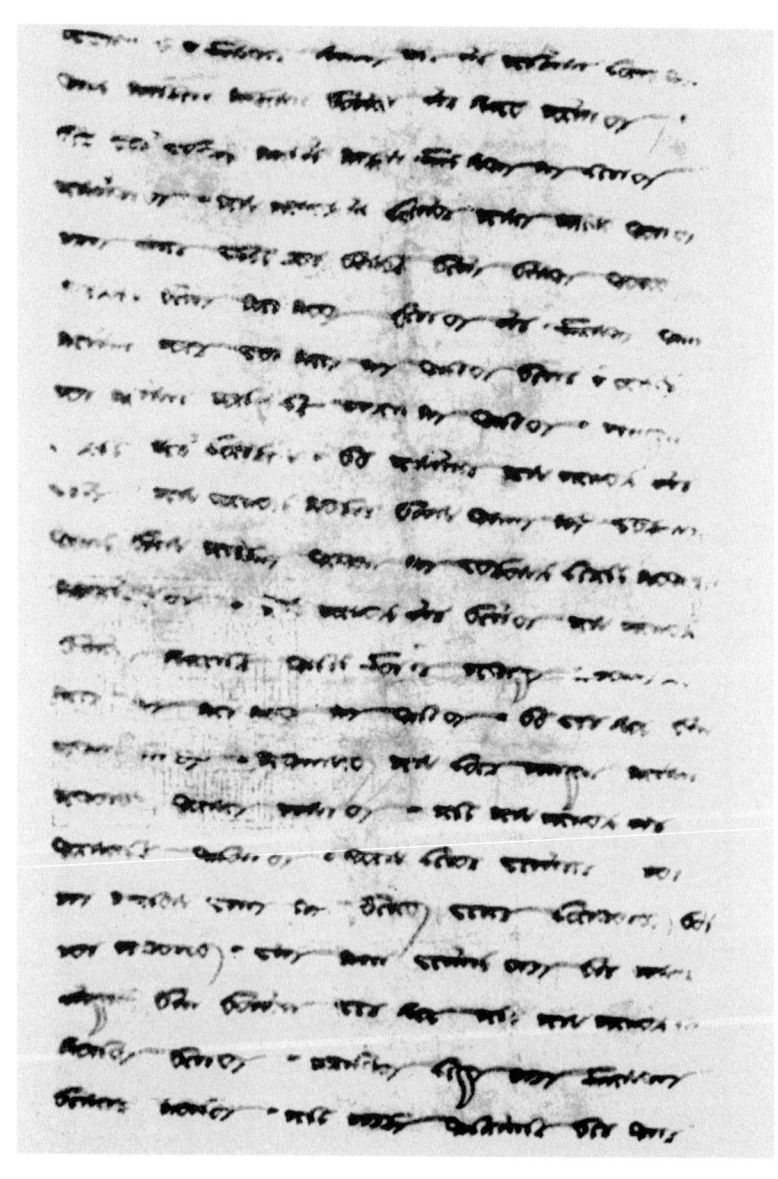

图版九三　图 87　5. 古维吾尔文写本

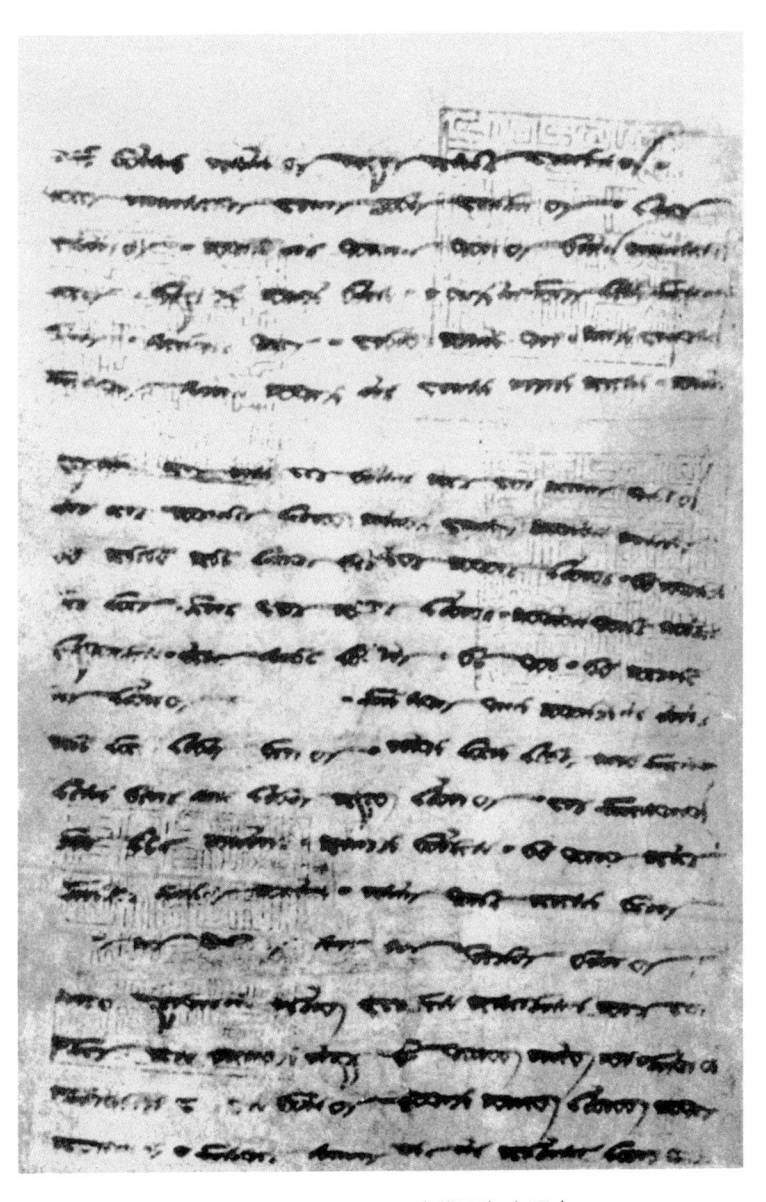

图版九四　图87　6.古维吾尔文写本

图版九五　图 88　1. 古维吾尔文写本
（正面写《维摩诘所说经注》）

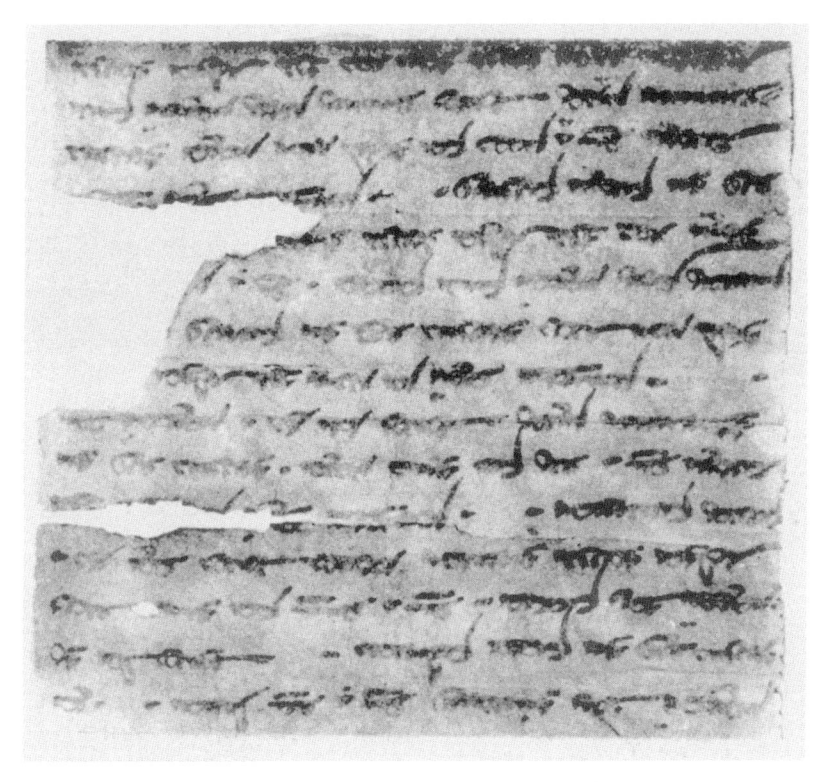

图版九六　图 88　2. 古维吾尔文写本

图版九七　图 88　3. 古维吾尔文写本

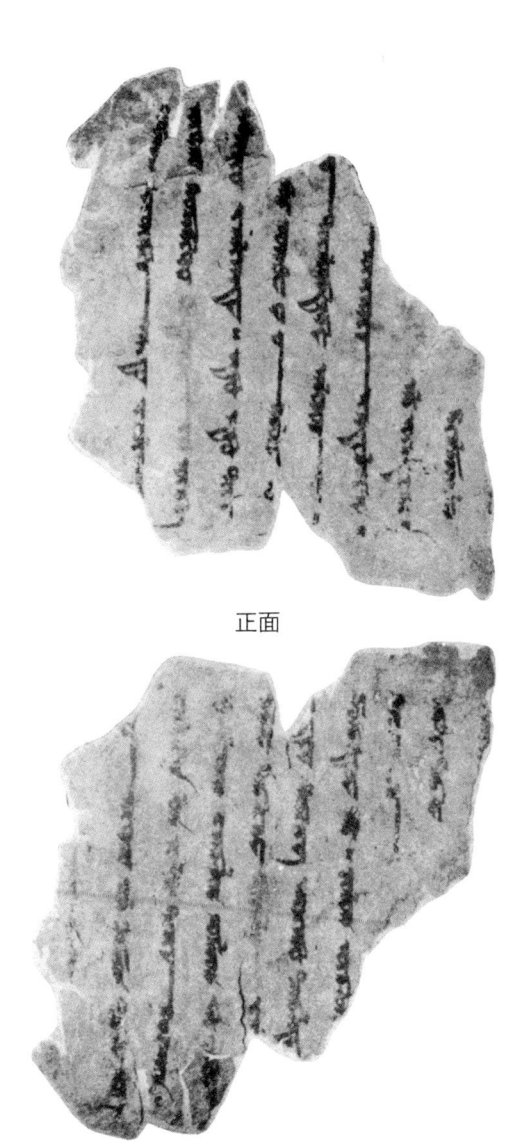

附录：古维吾尔文说明　183

正面

背面

图版九八　图 89　古维吾尔文写本（两面写）

正面

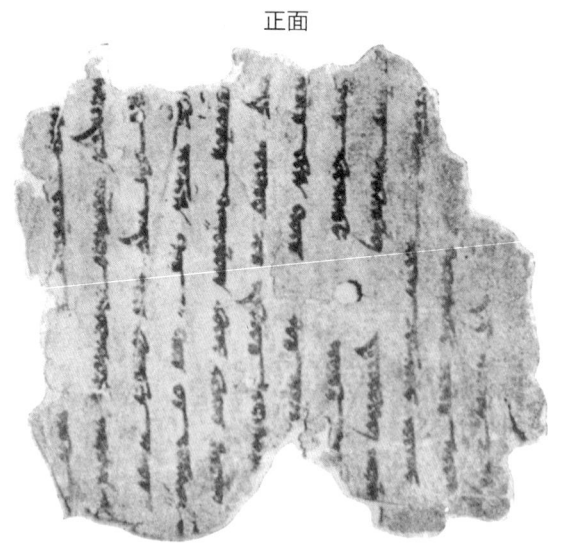

背面

图版九九　图 90　古维吾尔文写本(两面写)

附录：古维吾尔文说明 185

正面

背面

图版一〇〇　图91　古维吾尔文写本（两面写）

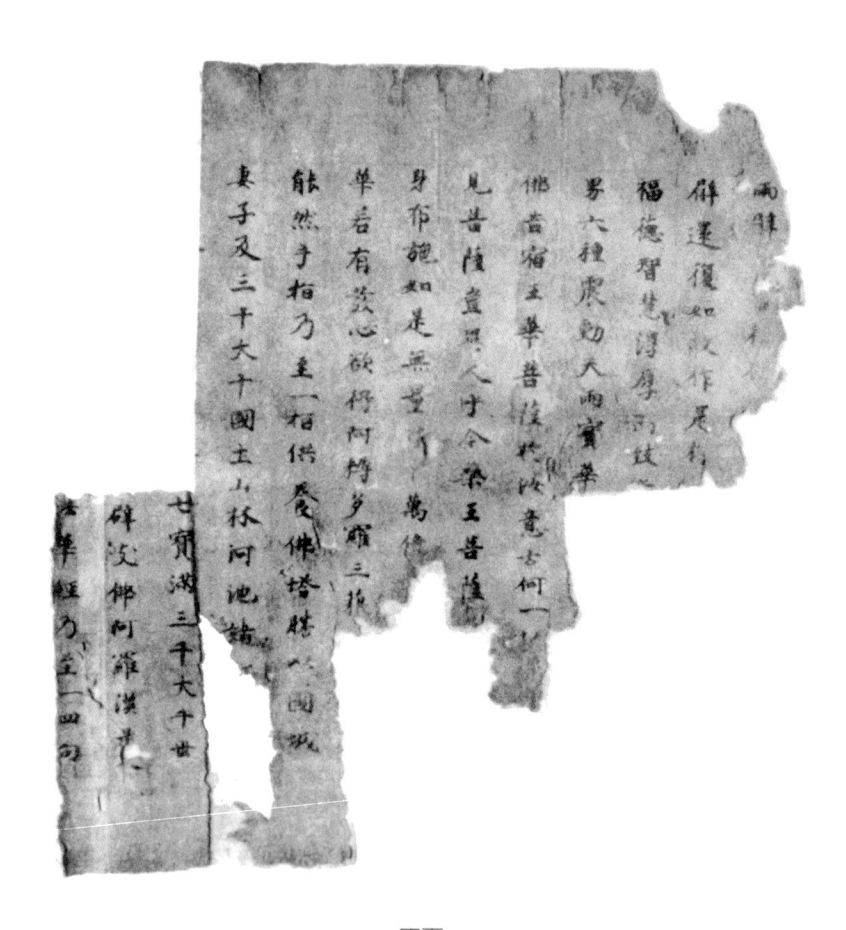

正面

图版一〇一 图92 古维吾尔文写本（正面写汉文佛经）

背面

图版一〇二　图92　古维吾尔文写本

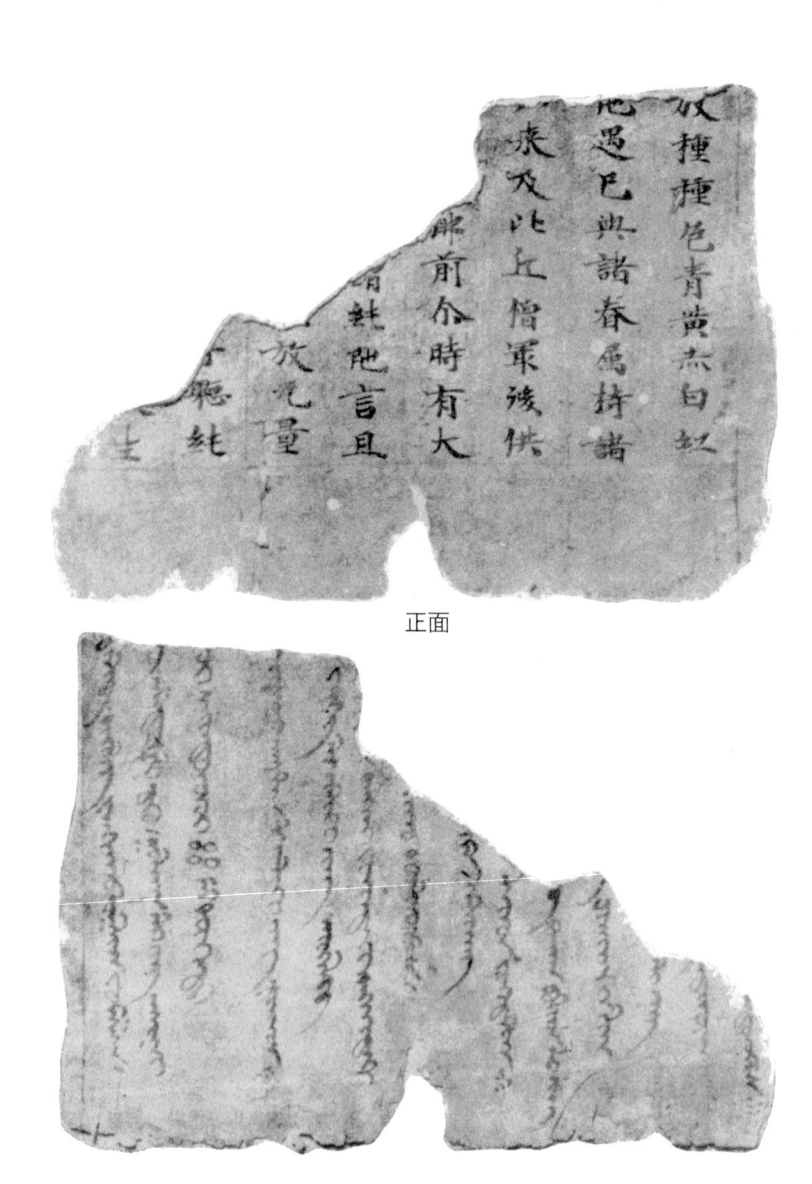

正面

正面

图版一〇三　图 93　古维吾尔文写本（正面写汉文佛经）

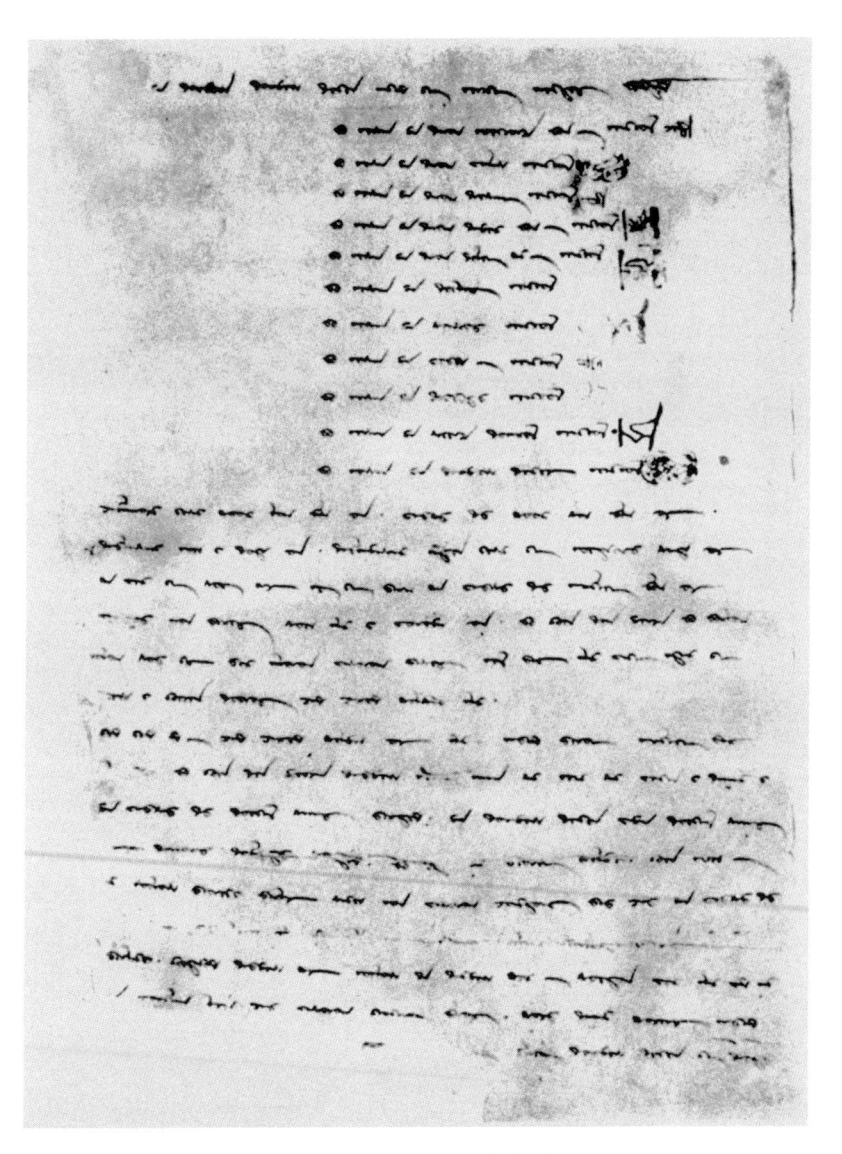

图版一〇四　图 94　古维吾尔文写本

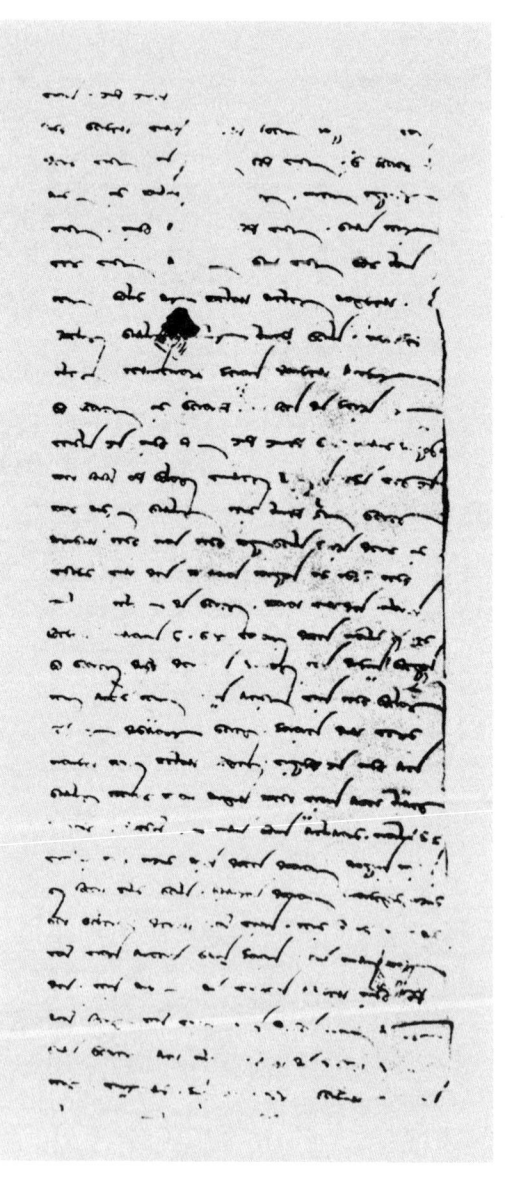

图版一〇五　图 95　古维吾尔文写本

图版一〇六 图96 古维吾尔文印本

图版一〇七　图 96　古维吾尔文印本

附录：古维吾尔文说明　193

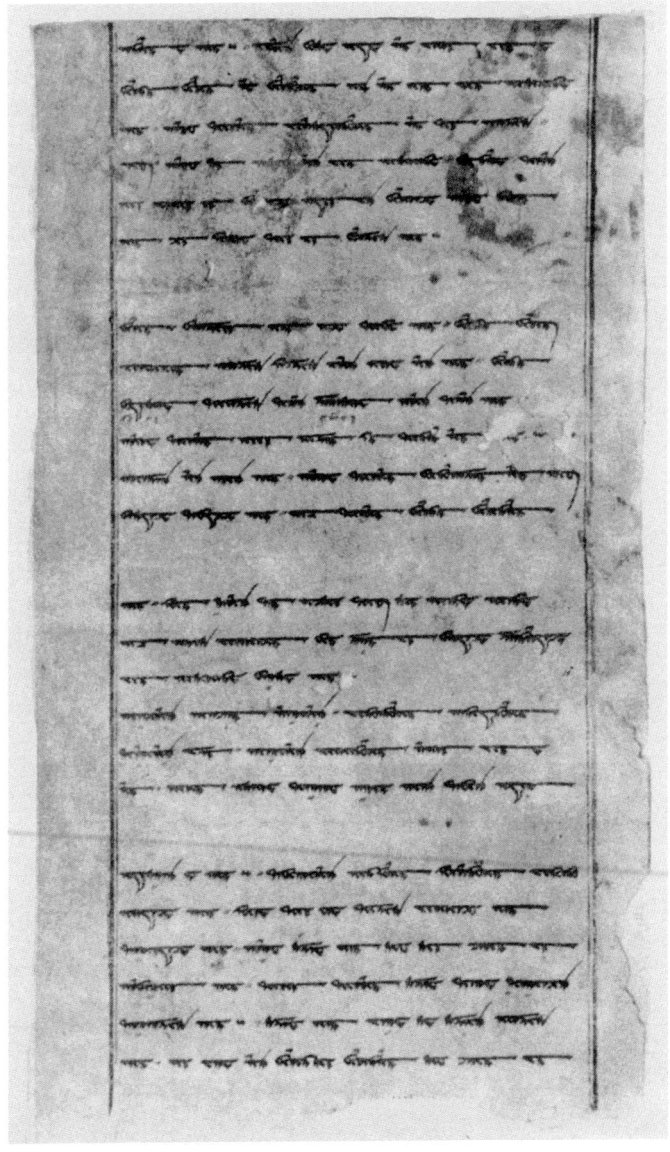

图版一〇八　图97　古维吾尔文印本

图版一〇九　图 98　古维吾尔文印本

附录：古维吾尔文说明　195

图版一一〇　图 99　古维吾尔文拓本

图版一一一 图 100 古维吾尔文拓本

附录：古维吾尔文说明　197

图版——二　图 101　古维吾尔文壁画题字

图版——二　图 102　古维吾尔文壁画题字

图版一一三　图 103　古维吾尔文壁画题字

图版一一三　图 104　古维吾尔文壁画题字

附录：古维吾尔文说明 199

图版一一四　图 105　古维吾尔文壁画题字

图版一一四　图 106　古维吾尔文壁画题字

图版一一五　图 107　古维吾尔文壁画题字

图版一一六 图 108 古维吾尔文壁画题字

图版一一七　图109　古维吾尔文壁画题字

图版一一七　图110　古维吾尔文壁画题字

再版校记

本书初版时，因编写仓卒，颇有缺漏及错讹，现乘再版机会，除各别错讹随文校改外，有初版所遗漏之大段校文，及现所增补之释文均汇录于后。

二七页至二八页《维摩诘所说经注》（图版八—九，图 10），除删节者已在初版时增补外，兹将现刻本（指金陵刻经处肇注本，下同）与写本文字不同者，校录于下：

三行注，"多疆暴决意"，现刻本"决"作"恣"。

四行注，"憍憪自大"，现刻本作"骄慢自在"。

五行注，"或在家或在家或出家"，现刻本"或在家"下不重出。

十一行，"若在庶人庶人中尊"，现刻本两"人"字均作"民"，盖避唐太宗讳。

十四行注，"故生庶人"，现刻本"人"作"民"，下有也字。

二十行注，"护世四王护之令不害也"，现刻本作"不令害也"。

二十四行注，"上诸方便以施戒摄人，则人感其惠"，现刻本重出"以施戒摄人"五字。

二十七行,"皆往问疾",下有僧肇注,现刻本并在"现身有疾"下。

三十一行注,"然后四谛",现刻本"后"下有"说"字。

三十二行注,"见芬而不都大山也",现刻本"芬"作"芥","都"作"覩",写本误。

二十八页,"比丘尼僧写涅槃经题记"(图版一〇,图11)按此残纸六朝别字甚多,今为读者方便计,加以诠释,并参考钟凤年先生意见,重释如下:

二行"僧"下仍是"願"字,下同。草书"願"字偏旁"頁"字有的作"弓"。

三行"生"下乃是"稟"字,《孙叔敖碑》"埀枯稟乏"的"稟"作"稟",可以为证。同行"母"下"受"字疑是"爱"字,原为"父母爱怜"。同行"叅"字上的"雖"字,疑是"進"字,"法"字下面疑是"侣"字,原文为"进参法侣"。

四行"三"下的"菜"字与"载"同韵,"三菜"即"三载"。同行"面"下为"墙"字,《后汉书·邓皇后传》:"面墙学术,不识臧否。"此题记应作"三载面墙"。同行"惊"字下,依文义即"惧"字。同行"寤"字即《富春丞张君碑》"曷寤旻穹"的"寤"字,则"寤"下当是"寐"字,原为"寤寐思省"。

五行"用"字下无疑的是"写涅槃"三字。同行"读诵"上的字,依文意是"冀"字。

三四页,十九行。1. 下应补"西州仗身钱课残片"小题目(图版四〇,图41),应补释文。文云:

职仗身铜｜主者得□｜检案内上件钱一州状身者依｜□曹□｜

三五页，二行。2. 下应补"兵曹残状"小题目。

三六页，西州征物残牒。（图版二一——二二，图 25、26），应补释文。图 25 文云：

……四贯文已上准前状注所由柳中县｜……前状注所由蒲昌县｜……匹二丈所由高昌县｜……十三端三丈五尺 毡十四领｜……户曹王道忱欠未纳｜……四升所由里正范行忠｜……升八升所由里正宁和才｜……一十石二升已上所由里正牛慈惠｜……由里正马善积｜……物所由李义康宝焦藏等欠｜……典曹忠顺｜……三斗今日得李玉状并纳了｜……月十六日衙奉处分并限｜……上依检上件数未纳｜

图 26 文云：

……邓大方　典宋叡芝　孙玄玮　康才感｜……斮贰縢练布毡屦索杂物等｜……肆尺钱壹伯壹拾叁贯叁佰文｜……十石二升粟｜……一石七升二升麦｜……卅七匹二丈大小练｜……匹九尺生絁｜……十三端三丈五尺布｜十四领毡｜……十九条索　去　绵｜一十三贯三百文钱｜……五十五事毡屦杂物｜……贯三百文州征所状注所由高

昌县欠｜

三六—三七页（图版二三，图 27、28）开元十三年征物残牒初版缺批示释文，今参考钟凤年先生意见，重释如下：

图 27 文云：

州征物｜□既已｜可矜放｜如若不｜决此□｜

按"此"下我在初版释作"后"字，非是；疑是"复"字，亦不确。"既"上疑是"事"字。

图 28 文云：

……判稽违不上事目如前｜……年十二月日典张元璋懆｜……两道放至｜畔道已上｜……办济示｜二日｜……到情亦可｜……放却少间｜耳□决｜□济示二日｜

按"济"下据钟先生云："济下是阳所得"三字，草书"陽"作"阝"，"所"作"可"。按"济阳所得"语义不明，疑仍是"济示二日"四字。据前例"济"是判官名字，批示尾署名及日为公文常例。此文写在纸之末端，书势亦与上款相似，或为济同日所批也。又批示三行"济"上钟先生释作"下"字，我疑是"辨"字草书，非"下"字。

三七页府司阿梁状词批语（图版二五，图 30）"诸如小事"，初版"諸"作"誌"，非是，今改正。"便即与曹办讫申"初版

"曹"作"禀"误，钟凤年先生云：应作"曹书"，我疑当作"曹办"，按上下文义，是："与曹办完了呈报"之义。

四〇页天山县申车坊新生犊残牒（图版三一——三二，图 33），初版释文仅一部分，今全录其文，并略加说明于下：

……王准状故愫｜……十二载三月十一日｜府张玄璋｜史｜……日受其月十一日行判｜使｜……参军　大□勾讫｜……牛事｜……已具上事｜十载犊　叁黄𩥌贰岁肆黄贰岁已上特壹𩥇𩥌白尾贰岁｜……秃尾贰岁　壹黄盲贰岁贰赤贰岁·壹𩥇贰岁｜……尾贰岁已上特　□（十）｜载犊｜……壹岁　壹黄白面壹岁　壹黄𩥌面尾白壹岁｜……尾壹岁　肆黄灰壹岁已上特肆赤壹岁｜……壹岁　壹青灰壹岁贰黑壹岁　壹赤𩥌白面壹岁已上特｜

……毛包齿岁上者准苻牒所由勘得｜……通毛包齿岁如前状上者车坊孳｜……岁到具状录申郡户曹听处分者｜……丞在郡｜……请载谨上｜……载二月廿五日宣德郎行尉马奁言上｜录事｜佐在郡｜史孙元祐｜……十二月录事沈｜……录事参军元祐｜检案元祐｜十五日｜……愫｜……月　日　府张玄愇愫｜……天山县申车坊新生犊伍十｜……捌头各具毛包齿岁到勒｜……所由勒会谘元祐白｜十六日｜　依判谘休湔𠆥｜十六日｜……判忠□□｜十六日

按此残纸为天山县申报车坊新生犊事。内分载十载犊与十一载犊,并载犊之毛包齿岁。按十载犊即天宝十载所生者,以十二载申报时计算,故所列各犊均为二岁。十一载犊,即天宝十一载所生者,与上件同时申报,故所列各犊均为一岁,此纸作"一岁犊",以所列犊龄证之,"一"上当有"十"字。现缺失耳。史孙元祐为户曹承办此案之职官,例如此纸背面接缝处均签字或盖章,表示承办此案之负责人。纸背面中间签"言"字必天山县马眘言承办。(眘,古慎字)首尾接缝处签"祐"字必为户曹孙元祐所承办也。由此知此一张公文,乃经几个机关连接而成。例如天山县马眘言所办的文书,是小楷正书,而户曹孙元祐以及户曹职官如录事参军元祐、检案元祐均用行书签署,显然是户曹所办。均在天山县公文之后另纸接连而成。录事、府、史为户曹职员,录事参军为户曹高级官员。文中既写史孙元祐又签录事参军元祐,如元祐即史孙元祐,是一人而兼两职也。

四二页,唐西州浮逃户残纸。图版三六—四一,图37—42初版只有尺度和起讫,缺释文,今补录于后。

1. 麴仕行等户(图37)文云:

……无主麴仕行……｜……曹太仁东西至寺西……｜……内赵竟□……｜……有藉无田□大□……｜……忠　侯道达二人梁……｜……有田无藉合稵(授)麴……｜……子一｜无藉无主麴玄义二麴｜

2. 曹太仁等户(图38)文云:

再版校记 209

……一收廿三亩旧主曹太仁东渠西北高仲□……｜……□藉同　氾义二　郭小是｜……信一张长年二｜……有田无藉史海住一人大女夏药……｜……亩有田无藉　马慈护四　大女……｜……□氾慈二男孝敦二｜……无藉无□｜

3. 冯耙仁等户（图 39）文云：

……曰善多二张……｜无田冯耙仁二入令狐文胜｜……二亩 并桒入令狐隆枹　令狐……｜……欢海一入阴达夕｜……藉无主　宋君感｜……旧主张近达东渠四渠大北道……｜

4. 龙屈仁等户（图 23）文云：

……同　龙屈仁二　大女龙如｜……□田　张欢隆二入史｜……元质索石德一员｜……一已上四亩入私观夕　曹……｜……田　藉鲁惠（臣）欢｜……无藉无主史守汉｜內主辛庆抵东｜……同氾贞……｜（背面写）

5. 王才绪等户（图 40）文云：

……大女部□｜……亩有无藉　王□｜……康津实王才绪一入陈……｜……亩无藉无主　王才君一｜亩旧主王怀愿东渠北渠……｜……亩田藉同龙沙子三　樊君……｜……亩有藉无主田陈阿隆四□……｜……亩有田无藉　龙沙子｜

……亩旧主管有_{东渠西}□……｜……籍樊处弘一　令狐智｜……达二　阙处实……｜……有田无藉阙元憧四｜……子二_入姜令隆张隆勺　二人……｜……曹_曰是一□侯寅和……｜……□君一人令狐智去□□……｜……_渠西水田南高垸（堤）……｜　（正面写）

6.张众汉等户（图41）文云：

……难絁二｜……张众汉_{入永隆}……｜荏絁二_{入张海欢}……｜……助德一大_入女□□｜无籍无□｜　（背面写）

7.范近武等户（图42）文云：

……贞仁｜……范□□西范近武_{南渠}｜……张信进二大女曹姑｜……入宋点奴｜

四五页，张奉先残牒（图版四二、图45）。应补释文如下：

张奉先｜右得上件人牒称去开……｜与赵悟那准法不合……｜先元（文）契在悟那处未……｜都督判付希逸据状……｜阎大宾立契证见何……｜卖苗是实不见举……｜今寻检文契知错请……｜明赵（悟）那甘心伏罪谨连……｜